哲　學

（上）

與它們的產地

為青少年寫的哲學史飛行手冊

Cibala　著

三民書局

推薦序

本書的作者 Cibala 老師，長年從事哲學普及的推廣，近年更是投入兒童哲學的教學及研究，如今以其豐富的哲普教學經驗，完成了這本有趣、易讀而深刻的著作《哲學與它們的產地：為青少年寫的哲學史飛行手冊》。從性質來看，本書是介紹西方哲學史的著作。照理來說，哲學史源遠流長，各家各派的哲學理論內容豐富而複雜，介紹起來必然是長篇大論，欲罷不能。但是，Cibala 老師的這本著作，不但是輕簡易讀，對於各哲學家及哲學流派的主要觀點也都能扼要展現，並且論述分明。在閱讀的過程，一方面感覺到一種輕鬆愉悅的知性享受，同時又在 Cibala 老師敏銳的文字引導下，進行著深刻地思索與探討。這樣的閱讀經驗，讓深刻的哲學問題與思考，成了一道道的清甜點心，而其中的思想滋味則唇齒留香，久而不散。可以說，是一種愉悅又有深度的閱讀經驗。

Cibala 老師這本書，在體例上也相當用心。首先，在介紹每位哲學家之前，都會先依據這位哲學家思索的問題及哲學觀點，設計幾個預先引導讀者思考的問題，讓讀者先就這些問題進行思考，嘗試提出自己的看法，然後再開始了解哲學家如何思考及回答這些問題。例如在介紹擅長辯論的智者學派時，即先提出幾個和智者學派的哲學論點有關的問題：「你覺得辯論是什麼意思？你有辯論過嗎？」、「你會不會想要學習辯論的技巧？」，以及「想想看，生活中有什麼時候會需要用到辯論？」讓讀者先形成與「辯論」有關的問題意識，引發讀者進一

步思考，然後再引領讀者了解智者學派如何思考辯論的意義。其次，在介紹完每位哲學家或哲學流派後，還設計了「讀後小測驗」，同時以選擇題及申論題的方式，一方面讓讀者在閱讀完後迅速複習哲學家的主張，同時引導讀者思考進一步延伸出的哲學問題，讓讀者在學習到哲學理論的同時，也開始進行思考上的刺激及訓練。可以說，本書淺顯明白，卻又生動深入的文字，加上前述的體例設計，非常適合青少年閱讀。而兒童在成人的輔助下，同樣適合閱讀這本書。

　　哲學是對於智慧的愛好，而愛好智慧及追求智慧皆離不開學習與思考。這本平易近人卻又深刻入微的著作，讓讀者，特別是開始探索人生的青少年讀者，一方面學習、了解西方哲學的內涵；同時在 Cibala 老師的引導下，依據這些哲學理論及哲學思考，轉而反思自身生命與生活所涉及的相關問題，釐析問題的特質，並嘗試思考自身對於問題的回答，同時檢視自身如此回答的理由及依據。透過這些思辨過程的訓練，輔以與歷代哲學家的對話，青少年讀者將逐漸地透過思考而開始擁有了智慧。總體而言，Cibala 老師這本書，將透過思考的力量，帶給青少年讀者羽翼，使其振翅飛翔於智慧的蒼穹，而人生也將因此而開闊無垠。因此，我極力地推薦這本好書。

林明照

臺灣大學哲學系教授兼系主任

導論：既高貴又有趣

據說，哲學家蘇格拉底被誣告的罪名之一是荼毒青年。筆者意在效法蘇格拉底這種精神，致力於改變青少年，讓他們成為高貴又有趣的人。本書是仿西洋哲學史的閱讀教材，理想對象是國小六年級以上的任何人。因此，筆者致力於減少專有名詞，控制篇幅在一千字左右。篇後的選擇題都非常簡單，只為幫各位回顧重點，請安心服用。

2013 年以來我一直在教授青少年哲學，哲學對青少年而言是很好的精神建材。哲學能形塑出批判的、深思的、創造性的氣質，這些是被推崇快速享樂的現代遺忘的養分。但是，既然我們期許孩子好好創造自己的一生，那麼就不可避免要回到這條耐心建築的老路。

面對變化多端的世界，哲學始於驚訝，透過深思熟慮，想得出個以簡馭繁的道理，直至難以言述之境。思想是感覺的精煉，哲學又是思想的精煉，學習哲學能訓練深入、全面但又扼要的思考。杜威說：**「如果還需要詳述思考的好處，那就太荒謬了。」**總之，讀哲學有益於思考，但我打算先停在這裡，對哲學的「定義」有興趣的朋友，可以直接閱讀第一篇〈是知識也是藝術：哲學〉。我先假定各位想學哲學，我們先來談一下「哲學」與「哲學史」的關聯。

哲學史是以說歷史的方式呈現哲學。歷史上許多哲學家，如柏拉圖、亞里斯多德、笛卡兒這些人，我們會說說他們的八卦，聊聊他們的想法。哲學關注的是人們看世界的角度，所以過去不代表錯誤，還能幫你更深入了解現代。哲學史與哲學的差別，主要是哲學史關心「過

去」，哲學關心「現在」。但這種差異只是程度之別，因為現在建立在過去之上，了解過去又不可避免帶著現代眼光。哲學史與哲學並沒有一刀兩斷的分別，一樣可以學到哲學。

本書是「仿」哲學史，「真」哲學史需要更專業精深的學者才能鑄成，閱讀難度也會提高。但既然仿都仿了，多少能得到些哲學史的好處。

好處一，哲學史可以告訴你事實如此，又不必然如此。你能學到真實的觀念，因為這些真的是歷史。但也不需被這些觀念綁架，因為這些就只是歷史。歷史是人創造未來的材料，組合方法卻在自己手上。學哲學史能一邊建造一邊解放，同時培養思考的彈性與力量。

好處二，哲學史充滿了趣味與熱情。現代忙碌的生活，常讓日子無趣。哲學史描繪的遙遠世界，帶來驚奇迷人的想像。哲學家面對的挑戰與難題，展現出真摯的熱情。歌德說：**「歷史能給我們最好的東西是它所激起的熱情。」** 這是哲學史既好讀又易讀的原因。

好處三，108 課綱的核心「素養」其實與本書的主題：「思考」或「精神」基本上是相通的。在核心素養的三面九項中，至少有四項與本書內容直接相關聯。簡列如下：

A2 系統思考與解決問題　　B1 符號運用與溝通表達
C1 道德實踐與公民意識　　C3 多元文化與國際理解

西洋哲學史既是對多元文化與國際的理解 (C3)，也是系統思考與解決問題的範例 (A2)，哲學中有直接討論道德與公民的主題 (C1)，而且所有內容都是在閱讀思考中精進理性的溝通與表達 (B1)。對 108 課

綱的核心素養而言，關聯性非常高。

本書百篇大多是哲學家，部分是學派，少部分是歷史事件或思潮。著名的哲學家會有上下兩篇，但不會超過兩篇。簡要地介紹哲學是為了理解的方便，絕不是在「論斷」。當我在說某理論如何如何時，我是在說這個理論「是這樣」，而不是說這個理論「就只是這樣」。

上冊是古代到法國啟蒙運動以前的哲學，描述古代思想如何發展為現代世界觀；下冊則從啟蒙運動開始講到二十世紀結束，呈現現代世界在思想上的努力奮鬥。沒提到的哲學家不是不重要，只是筆者的能力有限，祈請見諒。

為了符合一般人閱讀思考的習慣，筆者省去了學術規格的引文註解，但會在每篇附註中列出參考用的書目，引文可自書目中尋得。

謹以此書致敬於我的老師，您們的教導創造了本書的靈魂，感謝您們傾囊相授。謹以此書致敬於我的學生，與你們相處的快樂時光化成了孕育本書的子宮，我從各位身上學到更多。而我只是剛好路過，把這本書接生下來的路人。你們的造化鬼斧神工，能親眼見到它的出生，我感到萬分幸福。

參考書說明

本文會將參考書目簡列於每篇篇末，但有許多參考書會重複出現，故採用簡寫代表。

「柯」代表 Frederick Copleston 原著，由傅佩榮等翻譯的《西洋哲學史》一到七冊，黎明文化。

「威」代表 Will Durant 原著，許大成翻譯的《西洋哲學史話》上下兩冊，協志工業叢書。

「牛」代表 Anthony Kenny 原著，韓東暉翻譯的《牛津西方哲學史》，中國人民大學出版社。

「批」代表 D. J. O'Connor 等著，洪漢鼎等翻譯的《批評的西方哲學史》上中下三冊，桂冠出版社。

「羅」代表 Bertrand Russell 原著，何兆武、李約瑟翻譯的《西方哲學史》上下兩冊，商務印書館。

「公」代表 Nigel Warburton 原著，吳妍儀翻譯的《哲學的四十堂公開課》，漫遊者文化。

「梯」代表 Frank Thilly 原著，葛力翻譯的《西方哲學史》，商務印書館。

「傅」代表傅佩榮著《一本就通：西方哲學史》，聯經出版社。

「鄔」代表鄔昆如編著《西洋哲學史》，正中書局。

「現」代表劉放桐等編著，《現代西方哲學》上下兩冊，人民出版社。

　　範例：「羅（上）53–66」

　　代表本篇參考內容為羅素的《西方哲學史》上冊的 53 頁到 66 頁。另外，有些單次出現的參考書會直接出現在具體的附註中。因為讀者的關係，不列出非中文參考資料。

哲學與它們的產地

為青少年寫的哲學史飛行手冊

目次

推薦序／林明照

導論：既高貴又有趣

參考書說明

你有沒有突發奇想想過：人為什麼要思考呢？

你有沒有體會過在思考後，突然「懂了」一件事的感覺？

這種感覺快樂嗎？

你覺得現代人的想法一定比古代人來得正確嗎？

1 是知識也是藝術：哲學

　　哲學家蒙田曾說：「**哲學思考是人活著最快樂的一件事。**」這話有點老王賣瓜，不過當人用思考弄懂了一件事，很自然會有種「懂了」的快樂。思考是一種自我創造，弄懂一件事也等於創造出一個更懂事、更好的自己，當然值得高興。

　　本書致力於提供這種娛樂，它嘗試不斷拋出一個又一個讓人「懂了」的快樂。需要思考，但絕不會太難，具體來說就是你現在讀到這一篇的難度。我們將參觀哲學史，這是間陳列「思想」的博物館，收藏著人類在歷史中為理解世界而創造的各種思考藝術。

　　在參觀的開始，給哲學一個簡單的「定義」是很自然的。「哲學」是個翻譯詞，中文看不出，原文是由「**愛**」＋「**智慧**」組成的。智慧在此泛指「思考」，「愛智慧」約等於「愛思考」，喜歡思考，以深思熟慮為樂。但這話講的是興趣而不是學科定義，難道我們會說「動物學」就是喜歡動物嗎？

　　要解釋學科必須說明它的研究對象。作為學科，哲學屬於大學，在大學中屬於文學院，研究歷史上探討各領域基本原理的文字作品。哲學對一切的基本原理都充滿了興趣，不管是自然萬物、國家社會、思考方法乃至於人生幸福，都想了解。哲學鍾情於各種基本原理，是因為這些基本原理呈現出人類看世界的「角度」。

　　9 跟 6 在電子鐘上是兩個形狀一樣，上下顛倒的符號，所以看鐘的角度就決定了看見的是什麼。國中理化也有個例子，當眼睛高於試管、平視試管、低於試管時看到其中液體的刻度會不一樣。

　　你對世界的基本想法也會像這樣影響你的判斷。假定你這次考了 60 分，如果我覺得你應該考 100 分，我會責備你考得不夠好。但如果我覺得你只能考 20 分，我會覺得這值得慶祝。再舉個更靠近哲學的例子，如果你相信人是善良的，你對別人的要求會比較少，對犯錯較寬容。反之如果你根本不相信人類，你會更嚴格待人，而且更推崇秩序。

　　我們對世界的基本想法會影響許多的實際的看法，甚至行動。儘管古人對細節事實的見解有不少錯誤，他們的基本想法或價值觀卻可能更有智慧。舉個例子，伊比鳩魯認為平靜健康是人最大的幸福，許多現代人要等失去健康之後才後悔自己的不智，不應該爆肝工作。

　　當一種創作文字的天分碰上了檢討基本看法的意圖，便產生了歷史上的哲學作品。念哲學就是思考討論這些作品，反省我們看事情的角度，培養全面思考的好習慣。

　　也因此哲學同時是「藝術」也是「知識」。是藝術，是因為這些作品展現了思考與文字的藝術，是廣義的文學；是知識，是因為這些說理的文字想更清楚更全面地思考，想看清楚一切，獲得知識。以下我們會先拋開艱澀的哲學著作，以哲學家為索引，一邊發現有趣的想法，一邊增廣見聞，鍛鍊思考力的同時享受思考的樂趣。

　　如果你目前為止仍沒有失去興趣，以下就從古希臘的世界開始吧。❶

---

❶　柯（一）1–13，威 1–4，羅（上）7–20，梯 1–4，傅 1–2，鄒 1–17。

讀後小測驗

1.哲學是哪兩個字組成的？

　　A.愛＋蟹堡　　　　B.理性＋感性　　　C.愛＋智慧　　　　D.精準＋正確

2.作者提到哲學研究的對象是？

　　A.感動人心的文學作品　　　　　　B.尋找基本原理的文字作品

　　C.富有理智氣息的詩歌　　　　　　D.充滿道德意義的文字作品

3.作者說哲學同時是？

　　A.知識與藝術　　　B.道德與宗教　　　C.宗教與知識　　　D.藝術與宗教

4.本書哲學史的旅程將從哪裡出發？

　　A.中國　　　　　　B.歐洲　　　　　　C.美國　　　　　　D.古希臘

5.你喜歡「知識」還是「藝術」？還是你都喜歡？你有遇過同時是知識
　　與藝術的東西嗎？

你有看過悲劇嗎？你覺得悲劇與喜劇哪個比較好看？

你對於古希臘人的印象是什麼？

你覺得「抽象」的意思是什麼？可以舉幾個例子嗎？

喜歡看悲劇：古希臘人

一般所謂「西方哲學」或「歐洲哲學」有兩個源頭：一是古希臘哲學，二是基督教。這兩者廝殺又融合得難分難解，以至於到底誰居主導真是說不清了。總言之，兩者攜手鑄造了歐洲。

古希臘哲學比基督教更古老。「古希臘」是指從西元前十世紀，古希臘文的出現帶起了希臘地區政治與文化的興盛，直到西元前 146 年這些地區被羅馬完全征服前的文明。古希臘人的後代離開了這種文明，它在歷史中斷絕了。但我們熟悉的奧運會、神話、哲學與民主都來自於古希臘。

當時希臘半島的土地糧食生產力不夠高，扶養人口有限，產生了大量移民。他們與安土重遷的農業民族相反，是追求冒險的商業文化，移民遍布黑海與地中海沿岸。更妙的是離家的古希臘人在各地建立的不是統一帝國的分部，而是許許多多非常小的、以城市為國境的「城邦」：城市型的國家。不同城邦的政體、法律、風俗可能完全不一樣。

城邦中有兩者最有名，一文一武，文是雅典，武是斯巴達。這兩個城邦的政體就不同，黃金時代的雅典是民主制，斯巴達是有國王的貴族制。前者是培育出大量聰明人的商業性城邦，後者是全民皆兵的戰鬥型國家。雅典是古希臘哲學的主角，這兩個城邦的內戰，也是古希臘文明衰敗的主因。

古希臘有個特別的文化，喜歡看悲劇，看命運捉弄英雄好人的悲慘故事。舉個例子，伊底帕斯年輕時被神諭預言會殺父娶母，為了不讓此成真，他離開自己的原生家庭，卻不知當時的父母其實只是養父

母，親生父親是他在離開路上因衝突殺死的男子，而他最後陰錯陽差回到了故鄉，娶了自己的親生母親。伊底帕斯知道真相之後刺瞎了自己的雙眼，放逐自己於沙漠之中。

這故事其實有一點恐怖，伊底帕斯並不是壞人，卻落得悲慘下場。他試圖逃避神諭卻反而實現了神諭，這就是有限人類的「命運」。古希臘人對「生命有限」特有感悟，既覺得這很「慘」，又覺得這很「美」。從悲劇感受到的痛苦刺激古希臘人清醒面對現實，接受自己終將一死，卻將有限生命轉化為新的力量。

接受命運，他們以有限生命勇敢「創造」。這股創造力帶來了古希臘的神話、民主、醫學、數學、工藝作品以及我們的主角：「哲學」。古希臘哲學因為受人喜愛，壽命比古文明更長，古希臘人有限的生命還在持續影響著世界。

在介紹第一位哲學家以前，筆者想多介紹一個文謅謅的詞：「抽象」。在討論人的想法時，「抽象」是「具體」的相反，「具體」是指感覺得到，或知道該怎麼操作的想法；「抽象」是指理論性高，難以直接觀察或操作的想法。例如：「酸味」很具體，「幸福」就很抽象。哲學關心基本原理，討論使用的概念都比較抽象，所以離實用較遠，但重要性並不因此而減。如果用房屋比喻人的思考，哲學就像是房屋的結構，房屋結構不像刀子或打蛋器有明確的功用，卻無時不影響其中住戶的生活品質。

好了。不多聊這些「抽象」話題了，以下就先從具體的米利都學派開始吧。❷

---

❷　柯（一）17–26，威 1–4，牛 3–15，羅（上）1–29，梯 7–9，傅 6–14，鄔 19–21。

讀後小測驗

1.「西方哲學」或「歐洲哲學」有兩個古代源頭，分別是？

    A.古希臘與伊斯蘭教　　　　　　B.猶太教與基督教

    C.希臘哲學與希臘神話　　　　　D.希臘哲學與基督教

2.古希臘人在移民之後，建立了許多？

    A.回報母國的殖民地　　　　　　B.獨立的城邦

    C.獨立的健身房　　　　　　　　D.希臘帝國的分部

3.古希臘人有個有趣的文化，他們喜歡？

    A.看電視　　　　B.看歷史劇　　　　C.看悲劇　　　　D.看喜劇

4.有關抽象與具體的差異，以下何者正確？

    A.哲學關心是抽象的概念，不是具體的概念

    B.哲學關心是具體的概念，不是抽象概念

    C.哲學兩者都不關心

    D.哲學與此無關

5.試著舉出一些「抽象」的例子、一些「具體」的例子，來看看你是
    否理解這個區分。

如果你要提出第一個哲學問題，你會提出什麼問題？

試著想想看，世界萬物是由什麼構成的？

你覺得「過分」是什麼意思？

生活中有遇過讓你覺得很「過分」的事情嗎？

3 # 凡事不宜過分：米利都學派

　　古希臘哲學的開場是一種以理性解釋宇宙變化的理論。哲學家提出的不是宗教教義、不是倫理規訓，也不是隱喻詩歌。而是從事實出發，避免錯誤，有系統解釋宇宙變化的理論。

　　現代人會覺得解釋宇宙變化是科學家的事，科學理論已經複雜到令人頭痛的地步。但若要恢復思考的活力，要重新練習思考，我們可以先假裝自己知道的很少，讓思考重新開機一下。

　　人知覺到的世界有許多不同的「物」。泥土、青草、牛奶是三種完全不同的物，你喝牛奶而不喝青草，牛吃青草而不吃泥土。然而，青草吸收泥土養分，牛消化青草產出牛奶，人喝牛奶還能長高，這不是種神奇的轉換嗎？若不是三種東西的背後有共同的「材料」，轉換變化就是不可理解的。哲學家把這種推理用在萬事萬物上。

　　古希臘的米利都學派認為萬物都是由同一種材料構成，這種材料被稱為「原質」，理論也叫「原質說」。原質就像是希臘文的字母，不管悲劇跟喜劇，詩歌跟法律都是由同一套字母構成的。哲學家們提出了各種不同的創新學說。

　　泰利斯 (Thales) 是第一位有名有姓的哲學家。他主張一切是水，「水」是構成萬物的原質，也是自然變化的基本原理。水是液體，但可凝固成冰、化為霧雲。動植物需要水才能生長，這表示水構成生物的身體。而生物死後回歸塵土這事，又說明了土地也跟水有關。

　　泰利斯自然科學氣息重，他曾預言西元前 585 年的日蝕、預知橄欖豐收、用比例式推算金字塔高。但他也有展現人文精神的妙答。曾

有人問他哪一個問題最困難，他的回答是「**認識你自己**」。另兩句有意思的話是「**只在乎穩定必將帶來毀滅**」與「**別人為食而生存，我為生存而食**」。

　　如果一切是水，那對立的火也該是由水構成，但這很不合理。曾任其助手的安納克西曼德 (Anaximander)，提出了種一勞永逸的解法。他認為既然要解釋一切，那水與火，光與暗，生與死乃至一切對立都很難用其中一者解釋另一端，如果一切事物都有對立面，那原質就不該是任何已知之物，他稱它為「未限」。

　　所有東西都是由「不是」任何東西的「未限」所構成的。既然未限不是已知之物，所以是絕對中立，自然變化也會趨於中立平衡，太熱以酷寒報應，太冷則報之以炎熱。他由此引申，生活行事也該如此，效法阿波羅神廟的箴言：「**凡事不宜過分。**」

　　這種以「未限」為原質的理論看似較「水」進步，卻有些空洞，因為所有能被觀察到的東西都「不是」未限，人永遠觀察不到它，以致於「未限」像一種口頭上的解釋，很難有更進一步的發展。或許因此，後繼者安納克西美尼 (Anaximenes) 又回到「一切都是氣」的理論去了。

　　安納克西美尼的「氣」理論跟泰利斯思考方向差異不大，不多談了。這就是米利都的自然哲學，說是科學理論的前身也行，他們跟現代科學的差別還是很明顯的。他們很少測量，不做實驗，沒有歸納或數學的方法，只憑著常識觀察推想，不過從思考覺醒的角度來看，還是很有紀念價值的。❸

---

❸　柯（一）28–36，牛 19，批（上）1–7，羅（上）29–35，梯 10–14，傅 15–20，鄔 26–31。

讀後小測驗

1.古希臘哲學的開始是一種？

　　A.解釋宇宙變化的理論　　　　　B.解釋人的理論

　　C.解釋宗教的理論　　　　　　　D.解釋海綿寶寶的理論

2.泰利斯認為萬物的原質是？

　　A.未限　　　　　B.火　　　　　C.氣　　　　　D.水

3.安納克西曼德認為萬物的原質是？

　　A.未限　　　　　B.火　　　　　C.氣　　　　　D.水

4.安納克西曼德覺得人行事應該要遵守以下哪句箴言？

　　A.認識你自己　　　　　　　　B.只在乎穩定必將帶來毀滅

　　C.凡事不宜過分　　　　　　　D.別人為食而生存，我為生存而食

5.你覺得從事物可以相互轉換推論出世界背後必定有「一種」共同的

　　材料，這是正確的推論嗎？有沒有什麼漏洞呢？

你覺得音樂與數學有關係嗎？

你有沒有聽過「畢氏定理」呢？

你覺得數學與哲學是衝突的嗎？還是可以並存的呢？

4 以音樂煉淨靈魂：畢達哥拉斯

　　很少有人完全不喜歡音樂，音樂常理所當然地闖入我們的靈魂，只用了極短的時間便能帶走內心的快樂或悲傷。靈魂與音樂感覺有密切的連結，畢達哥拉斯也可能觀察到這一點，因此認為音樂與靈魂都是「數」。

　　畢達哥拉斯 (Pythagoras) 是以發現畢氏定理聞名的數學家。他是一個神祕宗教團體的領袖，教團愛好研究數學與科學。這個時代科學與宗教並不衝突，就好像現代人生活中科學跟星座不衝突一樣。(也許根本是衝突的吧？你覺得呢？)

　　教團除了吃素，還不准吃豆子。他們以藥物潔淨身體、以音樂煉淨靈魂。他們相信人的靈魂不會因死亡而消失，人死後會轉生為不同的生物，現實生命只是過客。據說畢達哥拉斯曾在街上阻止一個人打狗，理由是他從狗叫聲中斷定那是他過世的朋友。

　　畢達哥拉斯曾說運動場上有三種不同的人：營利的小販、追求名聲的選手、看比賽的觀眾。現代人大概覺得選手最值得羨慕，因為他賺的錢最多，畢達哥拉斯認為是觀眾，因為觀眾最「自由」。觀眾不受利益所惑，不為勝敗所苦，純欣賞比賽的精采，以之為樂。「欣賞」才是有靈魂的人所能得到最穩定自由的快樂，畢達哥拉斯以「愛智者」指以認識為樂的哲學家。智慧能帶給哲學家自由快樂。

　　「智慧」可以泛指一切知識，不過對教團而言它有個更特別的意思，那就是「數學知識」。他們相信「**一切是數**」，或「**萬物皆類似於數**」。畢達哥拉斯沒有留下作品，目前所知是從批評者節錄，原話的意

思很難確定。我個人最喜歡的解釋是把「數」聯繫到「音樂」。

畢達哥拉斯在音樂史上也是有名的，他發現絃長與聲音的關係，比方說敲一條絃的聲音如果是八度，把絃長縮成原來的四分之三，聽起來變成四度，絃縮成三分之二，聽起來是五度。音樂也有數學規律，甚至音樂就是「數」被聽見的樣子，若音樂是數，萬物是數，便等於把萬事萬物看成一場場音樂，每個人的生命都是一首歌。

人的靈魂是數，也是音樂，所以人的靈魂能被音樂感動。天體依數學規律運轉，天體也是音樂，也是數，研究天文也是認識自己。在後來戰爭亂世中，教團甚至認為只有天上的事物與靈魂可以研究，現實生活的好壞只能靠卑鄙的手段與不可知的運氣。

其實主張萬事萬物背後都有數學規律還滿符合科學的世界觀。畢達哥拉斯教團也支持「地圓說」與「太陽中心說」，這兩個在當時相信者不多，後來卻被證明是正確的理論。這恐怕就是他們在科學上獨具的慧眼吧。❹

❹ 柯（一）37–45，批（上）10–15，羅（上）35–46，梯15–20，傳21–23，鄔32–36。

讀後小測驗

1. 畢達哥拉斯是結合哪兩者的團體？

　　A.數學與法律　　　B.運動與科學　　　C.科學與宗教　　　D.宗教與國家

2. 畢達哥拉斯阻止打狗事件是因為？

　　A.他追求效率，打狗浪費時間　　　B.他相信輪迴，認為那狗是他朋友

　　C.他愛護動物，認為打狗不好　　　D.他認為這違背法律

3. 畢達哥拉斯的運動場例子是要說哪一種人最「高級」？

　　A.看比賽的觀眾　　　　　　B.賣東西的小販

　　C.參加比賽的選手　　　　　D.主辦者蟹老闆

4. 畢達哥拉斯認為能帶給人快樂與自由的是？

　　A.豐富的財寶　　　B.強大的國家　　　C.堅定的友誼　　　D.數學的知識

5. 追求金錢的小販，追求名聲的選手，以及追求欣賞的觀眾，你覺得誰更值得羨慕呢？還是這根本是不好的提問呢？畢達哥拉斯的答案能說服你嗎？

你覺得世界是不斷變化的，還是永恆不變的？

你相信世界上有永恆的事物嗎？那會是什麼？

人可以第二次踏進同樣的河流嗎？說說看你的想法。

⑤ 太陽每一天都是新的：赫拉克利特

「**這個世界對一切存在物都一樣，它不是神話或任何人所創造的。它過去、現在和未來都是一場永不熄滅的大火。**」這段如詩句般的文字，出於一位名叫「赫拉克利特」(Heraclitus) 的哲學家。

赫拉克利特很狂，瞧不起當時所有知識分子，說他們什麼都不懂。如果問他師承何方，他的回答是：「**我研究了我自己。**」

赫拉克利特高唱萬物之「變化」。他說：「**太陽每一天都是新的。**」宇宙絕不可能停止變化。人不可能踏進同一條河兩次，因為第二次踏進去的河水跟第一次已經完全不同了。

但這樣說會不會有點誇張啊？「同一條河」的意思就不是連河裡的水也要一樣啊？其實赫拉克利特只是想強調，在人們想像不變的世界底下，真實的世界正劇烈變化著。小孩身上最明顯，明明是同一個人卻每天都在生長變化，過了一陣子你就認不出來了。變了心的男友或女友外表即使看來一樣，對你而言卻已經是陌生人了。

變化不但無處不在，而且世間除變化以外便一無所是了。古希臘人常把變化想像成對立兩方的鬥爭，赫拉克利特說：「**荷馬說『但願諸神和人把鬥爭消滅掉』，這種說法是錯誤的。他不知道這樣就是在祈禱宇宙的毀滅了。**」

所以變化才是真正的常態。之前的哲學家並不否認變化，而是想用不變之物來解釋變化。赫拉克利特不是解釋變化，而是把「變化本身」當成解釋的出發點。變化是理所當然的，不變才需要解釋。他創造了一種新的看世界的方法。

　　赫拉克利特還說「**一切是火**」。對他而言「火」象徵著不斷變化，但也可以把它想像成一種基本的原質。他說火造成了海、造成了陸地、造成了生物，還造成人的靈魂。靈魂以乾燥似火為佳，那是種清楚有力的向上狀態。

　　由火構成的這個世界是為了變化而變化著，世界中一切事物都只是變化利用的棋子罷了。他說：「**一切現實之物既是整體，又不是整體；既是聚合的，又是分開的；既是和諧的，又是不和諧的；從一切產生一，從一產生一切。**」一切都不斷變化，現實之物根本上是有些「自我矛盾」的，才能因這種矛盾的力量不斷變化下去。

　　赫拉克利特與下一篇對照起來會更有意思。不過我們先總結一下，目前為止介紹了三種不同的哲學理論，這些理論始於對自然變化的好奇，透過深思熟慮，最後得出了以簡馭繁的答案。好奇心產生「問題」，深思熟慮代表「推理」，以簡馭繁是得出「結論」。如果你真的只喜歡哲學的「理論」而不喜歡哲學的「歷史」，在以下介紹中你也可以跳開歷史，仔細想想每一段哲學的「問題」、「推理」、「結論」到底是什麼，或許更能滿足對理論好奇的需求。❺

---

❺　柯（一）49–58，批（上）7–10，羅（上）47–60，梯 20–23，傅 24–25，鄔 37–46。引文還參考苗力田主編，《古希臘哲學》，中國人民大學出版社，40 頁。

讀後小測驗

1. 赫拉克利特把這個世界想像為？

　A.穩定的土　　　B.燃燒的火　　　C.旅行的風　　　D.流動的水

2. 赫拉克利特喜歡強調世界是？

　A.屬於神明的　　B.追求永恆的　　C.不斷變化的　　D.不斷重複的

3. 赫拉克利特說如果變化停止，那麼？

　A.世界就毀滅了　　　　　　B.世界就安寧了

　C.世界就永恆了　　　　　　D.世界就重新開始了

4. 赫拉克利特認為現實之物是？

　A.神所創造的平衡　　　　　B.變化過程的棋子

　C.魔法師創造出來的　　　　D.具有數學結構的

5. 世界每一刻都在不斷變化，你接受這種觀點嗎？這種觀點讓你覺得

　快樂，還是擔憂？還是其他？

你覺得虛構的事物，是不是在另外一個世界存在呢？為什麼？

如果萬物不斷變化，我們要怎麼說明一件事物呢？

你覺得「知覺」與「語言」哪一個更接近人類的思想？還是一樣？

6 只有存在才是存在的：伊利亞學派

「我們不得不這樣說和這樣想：只有存在才是存在的。」如果你覺得哲學家有些話很難了解，這學派可能是個範例。即便第一眼難以理解，分析之後，也許你會發現有些值得思考的地方。

伊利亞學派 (School of Elea) 與赫拉克利特完全相反，他們認為萬物從不變化，或者說人永遠無法真正理解變化。這學派的大師是巴門尼底斯 (Parmenides)，提出運動悖論的齊諾 (Zeno) 也是重要人物。

伊利亞學派的世界，沿著「語言」來思考會更好理解。人如何談論與思考世界上的東西？我們首先給東西取個名字，再用名字來說它如何如何。所以幫東西取名字，用名字去指世界上的物可說是語言最基本的功能了。

每個東西都取名字是會累死人的，所以我們也有些萬用詞，比方說「這個」跟「那個」。當說「這一條河不再是原來那條河」時，你用了「這一條河」指著談話開始的那條河，你得假定自己指著一條不變的河，才能去談論它。如果在你談話過程中原來指的那條河就已經完全消失不復存在，那這些話還有意義嗎？如果一切事物都因不斷變化，連「談論」都不可能，一切話語都將成為轉瞬消散的輕煙。

對伊利亞學派來說，任何語詞若具有意義，它所指的東西便不可能不存在。「蘇格拉底」這個名字並不會因為蘇格拉底的死而失去意義，這個詞指的就不只是活著的蘇格拉底，而是指蘇格拉底的「存在」。「存在」不只是某個東西在某段時間中暫時出現這件事，而是指我們認識到那件東西「本身」，不管是活的還是死的，是在過去、現在

還是未來，只要我們想清楚那是什麼即可。舉個例子，我們甚至可以思考或討論還沒被造出來的東西，它們在未來或人心中存在著。所有能被思考或談論的事物都存在著，而且存在絕不會突然變成不存在。

人的思考能力也很神奇，我們也可以用語詞去指「變化」這件事。當用「二二八事件」或「小明長高了」來談變化時，所談的變化也是某種意義的存在。當你用話語去「說」，就等於去「指」你所認識的不變的存在。「**存在的東西不生不滅，它完整、不動、無始無終。**」

他的弟子齊諾還提出運動是無法用分析去理解的。想像有支箭在空中飛行，若把飛行過程分析為一格格靜態圖，即便只是一小段飛行，需要的圖也是無限多的。就算真的收集起來，這些也只是軌跡的紀錄，不是真正的「運動」。人的理解像靜態的相片，永遠只能照到瞬間的存在，無法記錄運動的過程。真正能被理解的依舊是不變的存在。

伊利亞學派奇異的觀點提醒了我們，把語詞的意義當作它所指的東西這說法雖然符合直覺，卻很可能引起更深的困惑。如果「喬瑟夫」的意思是指喬瑟夫這個人，那「哈姆雷特」指的是「想像的人」，還是指「對某人的想像」？意義除了指著東西之外應該還需要更好的解釋。

相對於赫拉克利特強調萬物不斷變化，任何物都不可能不變，伊利亞學派認為人只能理解不變的存在。人類以知覺獲得的資訊跟以語言進行的思考是很不同的。前者「動」而後者「靜」。這兩個學派是以「知覺」跟「語言」解釋思考的兩個極端。喜歡感覺者歌頌變動，喜歡語言者偏好不變，讀者可以想想自己的偏好。 ❻

---

❻　柯（一）62–70，牛 23–26，批（上）18–23，羅（上）60–66，梯 24–28，傅 27–32，鄔 44–55。

讀後小測驗

1. 伊利亞學派的論點沿著什麼想比較容易理解？

    A.知覺   B.語言   C.原子   D.哈利波特

2. 對伊利亞學派來說，任何的詞若具有意思，則？

    A.它所指之物便不可能不存在

    B.它所指之物便有可能存在

    C.它所指之物便有可能存在，也有可能不存在

    D.它所指之物既存在也不存在

3. 伊利亞學派怎麼看變化？

    A.變化背後有數學原理   B.存在也是一種變化

    C.事物永遠不斷變化   D.變化也是一種存在

4. 作者提到赫拉克利特與伊利亞學派是以什麼解釋思考的兩個極端？

    A.善與惡   B.知覺與語言   C.創造與毀滅   D.水與火

5. 語言的意思就是它所指的東西，你覺得這樣的說法是正確的嗎？除此之外還有可能有其他的解釋嗎？

你相信「靈魂」存在嗎？

有沒有可能我們的思考、意識全都是物理運動後產生的結果？

猜猜看，現在物理學中的「原子」，最早概念來自於什麼時代？

7 只有原子與虛空存在著：原子學派

　　燭火倒映在水面上，倒影很美，但它們不是真實存在之物。想讓倒影消失，晃動水面是毫無意義的，你必須移走現實中的燭火才行。原子學派認為可見的事物與變化都只是不可見的微小原子運動的倒影：「**只有原子與虛空真正存在著。**」

　　原子學派以德模克利特 (Democritus) 為主要代表。他們認為萬物都是由非常小的，沒有任何質地差異，只有形狀與大小不一的「原子」所構成。原子在空間中運動飛舞，片刻不息。這個時代缺乏力學概念，原子到底有沒有重量是很難說清楚的。也有一說認為原子具有熱度，但到底什麼是「熱」又更難說了。

　　原子學派的思想特色是以「微觀」解釋「巨觀」。假設今天堤防潰塌了，那一定是因為堤防某些小裂縫連成破口，被水沖開潰決，而非河神的意志。繩子斷裂來自於更小繩芯的斷裂，人生病來自於器官的病變。這種說法並不一定排斥神，但他們要說的是即使真有河神，神也得把堤防弄出裂縫才能讓它崩潰。

　　越來越細微的解釋最後停在原子的運動上。一切變化最後都是原子在空間中的運動，只有原子跟虛空存在著。當你在有陽光時開窗，讓陽光灑進室內，抖動一下窗簾，你會看到一些在空中漂浮旋轉的灰塵。如果這些是原子，這就是宇宙萬物背後的「真相」。

　　原子本身是不可毀滅的，你可以想像某個原子裂成兩半，但事實上找不到東西可以切開它。就算真的找到了，把原子切開也只是更小的原子，而不是另一種不同的東西。常識中可觀察的物體或變化，都

只是原子的運動映在水面的倒影，自身沒有獨立性。原子運動遵守自身的法則，絕不會被神或人的情感左右。蘇格拉底再無辜，喝了毒藥也得死；聖女貞德再善良，也無法抵抗火燒。除了原子的運動，世間再無其他力量。

這學說搭配上**「認識你自己」**這句格言，就等於說，人的生命、思想、意志也都只是不可見的原子運動的結果，被原子在虛空中的運動所決定。原子論者認為若存在靈魂，靈魂也是由原子構成的，甚至連相信原子學派的這些想法也是原子運動的結果。

後來的科學踐行了原子學派的原則，以微觀變化解釋巨觀世界。這條原則為人類帶來了科技文明，帶來了舒適健康的生活，我們根本不可能放棄它。但這種對世界的基本看法是唯一正確的嗎？未來沒有機會改變嗎？我們能接受這樣的「自己」嗎？這樣想的人能獲得幸福嗎？

在簡述原子學派的哲學之後，這些就留給讀者了。原子學派之後，希臘哲學從解釋自然轉向研究人類，再邁向系統性哲學的時代。❼

---

❼　柯（一）93–97，牛 20，批（上）28–30，羅（上）80–92，梯 34–39，傅 39–41，鄔 58–61。

讀後小測驗

1. 原子學派認為只有哪兩者是真正存在著？

　　A.劍與魔法　　　B.知覺跟語言　　　C.原子與虛空　　　D.原子與元素

2. 以下何者是原子學派的思考習慣？

　　A.以「微觀」解釋「巨觀」　　　　　B.以「巨觀」解釋「微觀」

　　C.「微觀」與「巨觀」兩不相關　　　D.「微觀」與「巨觀」都與神相關

3. 原子學派認為世間唯一的力量是什麼？

　　A.人類的情感　　　B.道的規律　　　C.神的意志　　　D.原子的運動

4. 原子學派對「靈魂」的看法是？

　　A.靈魂不是原子　　　　　　　　　B.靈魂是人類獨有

　　C.靈魂絕對不會消失　　　　　　　D.就算有靈魂，靈魂也由原子構成

5. 原子論認為人的生命、思想、情感、意志都只是原子的運動，你能
　 接受這樣的看法嗎？為什麼？

你覺得「辯論」是什麼意思？你有「辯論」過嗎？

你會不會想要學習「辯論」的技巧？

想想看，生活中什麼時候會需要用到「辯論」？

世界上有許多奇蹟，但沒有比人更大的奇蹟：智者學派（上）

經過了漫長對宇宙的討論，哲學進入了以智者 (Sophist) 為代表的新時代。智者時代的注意力從「萬物」移到了人所說的「話」。人能思考，能把想法用話語表述出來，這是常識就知道的。但若把注意力集中到人的話語、想法或判斷，追問想法判斷真假對錯的原因，可就是種不同的哲學了。

要深入理解「話」，不得不先理解「人」。哲學的主角轉向了認識者自己，人得先認識自己，了解自己是怎麼想事情做判斷的，進而認識世間萬物。許多有名的哲學家，如柏拉圖、笛卡兒或康德都有這種思考習慣。

哲學轉向認識人自己，也可能是前一代討論宇宙的哲學進入了誰也不能說服誰的窘境，因此，重新檢討人的能力，未始不是種解決爭論的方向。風向已經變了，正如希臘悲劇作家索佛克里士 (Sophocles) 所說：「**世界上有許多奇蹟，但沒有比人更大的奇蹟。**」

除了思想背景，智者學派興起的現實原因是雅典霸權。雅典自梭倫改革後崛起，在波希戰爭中獲勝後進入黃金時代。政治家伯利克利是雅典黃金時期的領導人，他致力於民主改革，有句不朽名言：「**具體來說，當權力不是被少數人把持，而是被所有人民所掌握，這就叫民主。**」

在民主的雅典公共決策與司法訴訟是全民參與，具有演說能力、辯論口才的人特別吃香。這促使名為「雄辯術」的學科誕生，雄辯術是種研究說服力的技術，敘拉古的考雷克斯是雄辯術的先驅者。他說：

「替弱者開脫時，要説他沒有能力犯罪。替強者開脫時，要説他沒有能力脫罪。」

對愛好辯論與榮譽的雅典人而言，發現說服關鍵的雄辯術等於成功術。大家都想要的東西自然會引來販售者。智者是種知識的販售者，出售機智的話術給雅典人，增加說話的力量。他們教的不是沉思或智慧，而是「手段」，一種能幫老師跟學生都得到好處的手段。

柏拉圖筆下是這樣形容的，一個有雄辯術但沒有醫學專業的人，與一個沒有雄辯術卻有醫學專業的人到了一個陌生的城邦。再假定一群不懂醫學的聽眾來聽兩人演講，雄辯者能說服群眾他才是醫生。雄辯術賦予話語力量，讓它看起來比真實知識更可靠。這是種包裝術，不是知識，但也不是空話。

若把雄辯術當成純粹的工具，人可以保持價值中立，但實際上話術推廣反倒回來影響了推廣者的價值觀。以分析文字，傳授話術的智者，越來越喜歡強調矛盾的論述可以並存，世界上沒有真正的對錯，真理就是贏家的驕傲。販賣知識者的廣告成了真正的商品，智者成功創造了需求，但也為了這些需求改變了自己。

本篇是對智者學派出現的環境的介紹，下一篇再介紹其中的人物。 ❽

---

❽　柯（一）107–122，批（上）30–32，羅（上）92–102，梯 40–49，傅 42–47，鄔 66–71。

讀後小測驗

1. 智者時代的興趣從天上的星星，轉移到了？

   A.腳下的大地　　　　　　　　B.人口中的話

   C.各種不同的動植物　　　　　D.蟹堡配方

2. 以下何者是伯利克利所說的「民主」？

   A.當權力不是被少數人，而是被所有人民所掌握

   B.當權力不是被少數人，而是被多數人所掌握

   C.當權力不是被少數人，而是被有智慧的人所掌握

   D.當權力不是被少數人，而是被賢明的君主所掌握

3. 雅典的公共決策與司法訴訟理論催促了哪一個學問的誕生？

   A.天文學　　　　B.幾何學　　　　C.計算術　　　　D.雄辯術

4. 智者學派後來越來越傾向於？

   A.認為真理屬於靜默者，人最好不說話

   B.認為真理屬於眾人，人必須了解眾意

   C.認為根本沒有真理，真理只屬於勝利者

   D.認為根本沒有真理，真理只屬於神明

5. 你會羨慕特別會說話的人嗎？你覺得這樣的人一定是壞人嗎？還是

   他們有更高的機率是壞人呢？

　　猜猜看「人是萬物的尺度」這句話是什麼意思？
如果有一個人因為生病所以看任何東西都是黃色的，
　　當他說：「海是黃的。」你覺得他錯了嗎？
如果人可以被說服相信任何事，這個人是不是瘋了？

⑨ 人是萬物的尺度：智者學派（下）

在哲學裡，「智者」常是負面的意思，因為名哲學家蘇格拉底與柏拉圖都不喜歡這個學派。但從今天的角度，他們是一群能言善道、積極主動、具有傑出才智與魅力的人。他們追求財富，不開口閉口宗教，機智幽默不固執。你會覺得這樣的人是「壞人」嗎？

據說，普羅塔哥拉斯 (Protagoras) 是第一個自稱「智者」之人。傳言，他分析了語言的基本元素、同義、反義等用法，把句子分類，研究演說的技巧，但這些都遺失了。除此之外，他對人與世界還有套獨特完整的看法。

普羅塔哥拉斯有句名言是：「**人是萬物的尺度，以其所見之是為是，以其所見之非為非。**」依柏拉圖的解釋，「人」指「個人」，人話語的真假就像食物好不好吃一樣，完全取決於個人，「**風吹在身上，你若覺得是涼的就是涼的。**」你覺得是對的便是對的。

這在哲學上被稱為「相對主義」，意思是每個人所認識的世界相對不同，沒有絕對客觀的對錯。有些人生病後眼見的一切都變成黃色，在正常人眼裡當然不正常，但若說這病人是「錯」的，也沒什麼道理，他的世界就是如此。對語言的研究帶來了語言根本不值得相信的結局。

所以人不該關心客觀的真假對錯，只應在乎辯論的輸贏，勝者自然名利雙收。智者追求世俗的成功，至於超自然的神明，普羅塔哥拉斯說：「**關於神明，我既沒把握說祂們存在，也沒把握說祂們不存在。有太多因子妨礙了認識，包括問題的有限與生命的短促。**」不知道，也無法計較。

另一位智者果齊亞斯 (Gorgias) 以強調「破壞性」聞名，如果一切對普羅塔哥拉斯而言都是「對」的，一切對果齊亞斯而言都是「錯」的。他認為世界上根本沒有什麼東西真的存在，也無物可以認識，就算認識了我們也無法把想法告訴別人。一切的判斷都是似是而非。全面性的懷疑如野火一般延燒開來。

智者們也懷疑國家與法律，特拉西馬庫斯認為混亂的原始時代強者制定了符合自己利益的法律。卡利克利斯剛好與他相反，認為弱者聯合起來制定了法律，用以壓制強者。相同點是國家都起於謊言與不平等。

結果是不守法才最王道，這樣子拿的多，給的少，有什麼不好呢？人們譴責犯罪只是不想當受害者，每個人都想幹壞事占便宜，只是不想被罰。正義只是暫時的規則，規則只是權宜之計，遵守規則更是權宜之計的權宜之計。如果偷偷違背規則能讓自己獲利，當然最好。

智者學派最終否定了一切的道德與知識。它們沒有值得人去追求的價值，只是人的工具。人成了主人，有權力者成了主人的主人，但其實有權力者身上的欲望才是主人的主人的主人。世界成了權力與欲望的戰場，現代世界似乎也是如此。

從柏拉圖筆下蘇格拉底的批評來看，智者成了雅典的掃把星。既不追求社會團結，也不想認識世界，一切以個人判斷為準，以個人利益優先。結果是否定一切，唯我獨尊的思考習慣，而接受這種思考習慣的文化，是既容易崩解，又難以進步的。❾

---

❾　同前註。

讀後小測驗

1.第一位自稱「智者」的是？

　　A.果齊亞斯　　　　　　　　　　B.普羅塔哥拉斯

　　C.畢達哥拉斯　　　　　　　　　D.阿拉花瓜馬庫斯

2.普羅塔哥拉斯的觀點在哲學上被稱為？

　　A.自然主義　　　B.絕對主義　　　C.相對主義　　　D.理性主義

3.以下何者「不是」果齊亞斯的懷疑？

　　A.懷疑人無法真的知道任何事

　　B.懷疑人就算知道了也無法告訴別人

　　C.懷疑世界根本不存在

　　D.懷疑存在不可能變成不存在

4.在智者眼中，「知識」與「道德」是？

　　A.永恆的真理　　　B.變化的真理　　　C.人的工具　　　D.人的主人

5.你認為「相對主義」是對的嗎？你覺得大家都這樣相信時，世界會
　　變得更好還是更壞？

你覺得世界上誰是最聰明的？還有沒有這個人不知道的事情呢？

如果有人指出你的錯誤，你覺得應該怎麼做比較好呢？

你會比較想成為「愛」智慧的人，還是成為「有」智慧的人呢？說說看你的想法。

無知之知：蘇格拉底

　　家喻戶曉的蘇格拉底 (Socrates) 據說長得很醜。身材肥胖，頭髮半禿，亞里斯多芬笑他走路時像隻水鴨。有學生形容他外型像森林之神希雷努斯，你可以在網路搜尋，真的很醜。

　　但蘇格拉底身上有一種特別又有趣的智慧。當時有人問神諭，雅典有沒有比蘇格拉底更聰明的人，神諭說沒有，蘇格拉底不敢說神諭有誤，也不敢以最聰明者自居，他上街找人談話，發現許多人知道不少，卻不知道自己不知道的事更多。蘇格拉底暗示對方這點卻招來了憤怒，他終於發現儘管蘇格拉底的知識不是最多，但其他人不知道自己並非全知，蘇格拉底卻清楚自己在某些地方無知，這是他的「無知之知」。

　　坦承無知是蘇格拉底的獨特魅力，他說他寧可成為「愛」智慧，而非「有」智慧的人。從普羅塔哥拉斯的角度看來，知道自己無知是不可能的，因為真假由個人決定，我不知道的當然還不能算作知識。

　　蘇格拉底也以真誠的態度面對錯誤。當在街頭指出人們的錯誤時，他說自己不是在羞辱對手，而是在提供對手改正的機會。〈自辯篇〉中他說：「**想避免指控與批評，最簡單高貴的方式不是置我於死地，而是改正你們自己。**」

　　蘇格拉底認為人發現錯誤之後，能因改正而進步，成為更好的人。智者因錯誤懷疑真理，蘇格拉底卻從錯誤認識到真理。他把這比喻為「生產」，他說自己的母親是個產婆，自己則是精神的產婆，透過對話讓人們發現問題，面對錯誤，產下正確的想法，成為更好的自己。

　　蘇格拉底的「真理」也不是純理論的知識，他不是在知道了但做

又是另一回事的意義上用「知道」一詞。他的「知道」包含著態度，知道什麼好，什麼壞，而且喜歡好，討厭壞。他認為每個人都能因認識自己而變得更好，壞人只是誤信了錯誤之事。

這種真誠地追求自我進步的教育是緩不濟急的，今天教育更導向「競爭」：不管是工作還是考試，你得比別人好，不是跟自己比。當時雅典也一樣，極度追求功利與速成，不喜歡慢慢來的論調。他的不合時宜點出了時代的迷思，人們報之以訴訟。

蘇格拉底被告的罪名是腐化青年與不敬神明。真正原因可能是蘇格拉底批評當時雅典的政治，因為學生中有貴族子弟，使批評更加敏感。法庭上的蘇格拉底反覆強調人活著只需要分清善與惡，其他一切都不重要，這種滿不在乎的態度為他招來了死刑。

即使被判死刑，蘇格拉底還回嘴說「死」是不可能被當作刑罰的，因為「死」是活人所未知，根本沒有人知道死後會怎樣，怎麼能視為是處罰呢？害怕死亡是因為人們以為自己知道根本不知道的事，「怕死」本身才是對無知的刑罰。

當他在死牢中，還有學生想說服他逃亡。蘇格拉底回覆他已經七十歲了，一生都受雅典法律保護而平靜安康，不能因為現在的判決對他不利了，就背叛法律跟國家，所以拒絕逃亡。

柏拉圖的〈斐多篇〉以蘇格拉底之死為完結。「**這就是我們朋友的最後一程，在當時的雅典，蘇格拉底肯定是所有人中最善良，最明智，也是最正直的。**」他的學生柏拉圖不只記下了他的死，更繼承了蘇格拉底的精神，成為影響世界的哲學家。❿

---

❿　柯（一）125–147，威 5–12，批（上）37–43，羅（上）103–118，梯 49–59，傅 48–54，鄔 74–82。

讀後小測驗

1.蘇格拉底的「無知之知」指的是？

    A.蘇格拉底不知道自己是無知的　　B.蘇格拉底知道別人都是無知的

    C.蘇格拉底知道有些人的無知　　D.蘇格拉底知道自己有些事不知道

2.當在對話指出對方的錯誤時，蘇格拉底說最簡單高貴的方式就是？

    A.承認錯誤但死不改正　　B.不承認錯誤也不改正

    C.攻擊指出錯誤的人，解決他　　D.承認錯誤並改正

3.蘇格拉底被告的罪名是？

    A.腐化青年與不敬神明　　B.出賣國家

    C.長得太醜　　D.逃避兵役與稅務

4.蘇格拉底強調「死」是不可能被當作刑罰的，是因為？

    A.活著太痛苦，死了就解脫

    B.他有長生不死的方法

    C.因為根本沒有人真的知道死後會怎樣

    D.因為他熱愛死亡

5.如果你是蘇格拉底，面對不正義的死刑，你會選擇逃走還是留下來？為什麼？

你聽過「柏拉圖」這個人嗎？
光聽名字，你覺得他會是怎麼樣的人呢？
你在判斷你是否發燒的時候，
你會只用手摸摸看還是使用額溫槍呢？
想想看，你是怎麼判斷出每一張椅子都屬於「椅子」的？

11 人們只在夢中生活，唯有哲人掙扎著要醒過來：柏拉圖（上）

　　據說，柏拉圖 (Plato) 是位美男子，家世顯赫、聰明過人，年輕時當過詩人跟摔角手，屬於人生勝利組。當這樣的人遇見了年過半百的蘇格拉底，很神奇地，沒多久，他的心裡就只剩下對過去的悔恨與對蘇格拉底的崇拜了。

　　柏拉圖成為了蘇格拉底的學生，然好景不常，二十九歲的柏拉圖親見老師被雅典人處死後離開了雅典，十多年後才回來。回來後創作的《對話錄》仍以老師為主角，在故事裡，柏拉圖對蘇格拉底的不捨是很明顯的。他在描述蘇格拉底之死時刻意說柏拉圖沒有來，連小說裡都不敢去為老師送別。

　　柏拉圖是蘇格拉底最忠誠，但也最有批判力的學生。了解柏拉圖的捷徑是辨清「感覺」與「理智」的不同。人頭痛有時會用手去摸頭看發燒沒有，雖然方便但判斷很容易不一，這是訴諸「感覺」。拿額溫槍去測量，得到確定的數據，這是「理智」的運用。

　　感覺是多變的，儘管看來逼真，卻不見得真實。如果你喝杯威士忌就會瘋狂愛上面前的人，酒醒便忘記，想得到真愛就別喝威士忌了。感覺不全然虛幻，卻變化無常，更像是旅行過程中變化的風景，不是目的地。理智才能發現真正不變的目的地，例如「概念」。

　　什麼是「概念」？人認識事物從將事物分類開始：白的、圓的、可食的、蟲魚鳥獸，古代人因認識分類的聰明，而能存留下後代，能分出某一類就是能掌握這類事物的「概念」。舉個例子，沒有人不知道什麼是「馬」。我們都知道馬、看過馬、畫過馬，還有人騎過馬。人能從

世界學習並掌握到「馬的概念」。

可是掌握馬的概念卻不需要見過所有的馬，我只見過兩次真馬。然而，當別人畫了匹我從沒見過的馬，我還是能立刻認出牠。判斷「是不是馬」不可能單靠對感覺的記憶，否則我只能認得我見過的馬。理智能掌握感覺背後的結構，馬的概念來自於理智。如果一座水池只倒進有限的水，卻能無限重複取水，池子裡肯定有其他的水源。

這就是理智，理智不等於感覺，人能從「感覺」轉向「理智」。當從眾多事物中了解概念，從失敗的經驗中發現原因，在生活中意識到某個道理，甚至找到真愛，這些都是以理智發現感覺背後的真實，原來自己過去經歷了那麼多是為了了解這些。從感覺中發現真理，讓自己變得更好，才是人應該追求的價值。「**人們只在夢中生活，唯有哲人掙扎著要醒過來。**」

他有個小故事，說有群被囚禁在地洞的人，從沒見過地面事物，某天有個囚犯跑出來，發現原來洞外有更美好的世界。他返回地洞告訴其他人，但沒有人相信，甚至想殺死他，這人應該就是蘇格拉底。柏拉圖致力於反駁那種否定真理，認為一切都只是感覺的人們。他們錯看了世界，錯看了自己，錯解了蘇格拉底，還錯判他死刑。

不管是徹底否定知識的懷疑主義、視知識為感覺的感覺主義、宣稱知識只是好處的實用主義，柏拉圖都與之對立。他堅信知識是追求真理，理智能讓人認識真實，不是感覺或權宜之計。就算現在還沒得到，或一時得不到，也不該放棄。並非所有哲學家都同意這觀點，但這種對理想的堅持使他成為許多知識分子的典範。 ❶

---

❶　柯（一）171–338，威 12–47，牛 33–43，批（上）43–96，羅（上）118–203，梯 60–77，傅 55–66，鄔 85–143。

讀後小測驗

1.柏拉圖創作的《對話錄》的主角是？

　　A.亞歷山大　　　　B.蘇格拉底　　　　C.哈利波特　　　　D.泰利斯

2.柏拉圖的哲學很重視哪兩者的不同？

　　A.感覺與理智　　　B.理智與思想　　　C.信仰與智慧　　　D.個人與國家

3.能分出某一類就是能掌握這類事物的？

　　A.數學　　　　　　B.道德　　　　　　C.概念　　　　　　D.感覺

4.你覺得柏拉圖的哲學比較靠近以下哪一個？

　　A.感覺主義　　　　B.實用主義　　　　C.懷疑主義　　　　D.理想主義

5.「理智」與「感覺」你比較信任哪一個？為什麼？

- -

- -

- -

- -

- -

- -

- -

- -

- -

你心目中理想的國家是什麼樣子的？應該由誰來統治呢？
你覺得哲學家適不適合當統治者呢？說說看你的看法。
你覺得現在的民主制度是好的嗎？有沒有不同的想法？

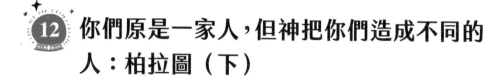

12 你們原是一家人，但神把你們造成不同的人：柏拉圖（下）

　　現代人想到君王大多沒好感，即便歷史上真有些好君王，但權力似乎會讓人腐化。如果你也這樣認為，當民主政治把權力賦予所有人的時候，會不會所有的人都一起腐化？民主政治中常出現勾黨結派、分裂對立、仇恨政治，會不會就是權力對一切人的腐化？

　　民主的雅典處死了蘇格拉底，也影響了柏拉圖對「國家」的看法。他反對民主，主張國家應該由少數富有理智的人來統治，這不是為了統治者的好處，而是為了所有人的好處。理智才能帶國家走上正義、和諧與穩定的道路。

　　柏拉圖提出了一個以「理智」為核心的國家組織草案，這不是富國強兵之策，而是為了防止煽動性的激情影響理性的政治判斷。這國家我們就稱為「理想國」。理想國由三種不同的人組成，分別是負責統治的護國者，代表理性；負責軍事維安的士兵，代表名聲或勇氣；以及代表欲望，勞動生產的人民。

　　「同胞們，你們原是一家人，但神把你們造成不同的人。」這三種人在統治權力上是由上而下，並不平等，但這是由不同的生命計畫造成的。有些人生來只願追求金錢與享樂，讓這樣的人握有權力不但讓他無法好好過活，也讓國家陷入危險。人可以追求欲望與名聲，但這樣他就不屬於恪遵理性的統治階級。

　　三種人要各盡其責，形成穩定有序的社會。護國者禁止私有財產，讓他無法以權力斂財。柏拉圖說：**「這是他們的得救之途，也是城邦的得救之道。」**階級不適者可以改變，當然不是自己決定，而是依實情

考量。不只男性，女性在所有的階級都可能出現，這在古代真是理想世界。

除了沒有財產，護國者也沒有家庭。他們的生育由政府控管，小孩剛出生就被政府帶走，被國家養大，親子一生無法相認。不知道是不是希臘人長得太像，不然父母子女見面也無法相認在東方聽起來是很不合理的。

子然一身的護國者必須接受完整的教育，在運動、音樂與哲學的陶冶下成長，一心追求真實與良善。三十五歲後進入社會工作，忍受失敗與挫折，體驗生命的苦與樂。十五年後五十歲的他才能變成既有智慧又有歷練，舉止合宜又能洞澈事理的人。

這就是常被稱為「哲學家皇帝」的理論，應該讓只追求真實與良善的哲學家當統治者。以護國者為中心的政府集行政、立法與司法於一身，真正統治者其實也不是人，而是深思熟慮的「智慧」。這不是那種為了個人自由不惜犧牲一切的近代政體，它有文藝審查制度，禁止不良文化，也沒有宗教自由。整個國家呈現出穩定和諧的秩序，彷彿天上的星辰。

柏拉圖的晚年是非常幸福的。學校與著作為他贏得了名聲，各地學生聚集在學院裡學習，與他亦師亦友。有一天，柏拉圖參加學生婚禮，老哲學家在宴會中找了個角落坐著小睡。也許是他的老師蘇格拉底回來找他，帶著他離開了人間的大洞穴。而後的雅典乃至於整個世界，都因為這一對師徒的思想而驕傲、而改變。 ❷

---

❷　同前註。

讀後小測驗

1.柏拉圖認為國家應該要由誰來統治？

　　A.少數的有理智的人　　　　　B.多數的有勇氣的人

　　C.少數的有血統的人　　　　　D.所有有人權的人

2.柏拉圖提出了一個以何者為核心的國家組織計畫？

　　A.榮譽　　　　　B.經濟　　　　　C.理智　　　　　D.戰爭

3.理想國由三種不同的人組成，分別是？

　　A.上人、中人、下人　　　　　B.護國者、士兵、平民

　　C.戰士、法師、牧師　　　　　D.僧侶、士兵、平民

4.以下對「護國者」的描述何者錯誤？

　　A.他們不可以有自己的財產　　B.他們不可以有自己的家庭

　　C.他們必須接受完整的教育　　D.他們追求的是自己的利益

5.政府官員不能有任何的私有財產，以防止貪汙舞弊，你覺得這會是
　個好主意嗎？有沒有不公平的地方呢？

如果老師說：「二加二等於五。」你會勇敢指出老師的錯誤嗎？

還是乖乖聽老師的話呢？

我們真的如柏拉圖所認為的那樣，

是在認識事物背後的規律而非事物本身嗎？有沒有其他看法？

你覺得世界上發生的一切是不是都有一個「目的」存在呢？

13 萬事萬物都有其目的：亞里斯多德（上）

　　紅茶拿鐵在喝以前得搖一搖，讓紅茶跟牛奶均勻混合。但珍奶中的珍珠再怎麼搖也無法均勻，珍珠的重量自然讓它與奶茶分開。歷史中的哲學家也類似，往往在一段時間內爆出一整群，另一段時間則銷聲匿跡。雅典在蘇格拉底與柏拉圖之後出現了第三位黃金級的哲學家：亞里斯多德。

　　亞里斯多德 (Aristotle) 不是雅典人，他的父親是馬其頓王的御醫，送他到柏拉圖的雅典學院學習，回國後成為馬其頓太子亞歷山大的老師。亞歷山大即位後著手東征，建立了橫跨歐亞非三洲的大帝國。可惜只三十二歲便病逝於巴比倫，帝國分裂。

　　亞里斯多德在亞歷山大大帝的資助下也在雅典建立了一間學院。當大帝病死時，亞里斯多德預見了暴民的攻擊，以「**不會讓雅典犯下第二次毀滅哲學的錯誤**」（第一次是處死蘇格拉底）為由逃離了雅典，卻在隔年病逝。

　　亞里斯多德是天才的邏輯學家、生物學家，其物理學理論也流行了滿長的時間。然而這些近科學的學科，從十七世紀開始卻被視為傳統錯誤的代表，增加不少負面評價。評價亞里斯多德時要小心，帶著看他出錯的態度，與發現智慧的眼光，會看到不同的世界。我們將以後者為基準。

　　亞里斯多德有句名言：「**吾愛吾師，吾更愛真理。**」他的老師是柏拉圖，這話輕描淡寫地把真理跟自己放在同一邊，把老師擠到對面。亞里斯多德也是柏拉圖最忠實，也最有獨立思考能力的學生。兩人異

同是複雜的學術議題，我們先了解他富有特色的世界觀。

亞里斯多德的哲學充滿真理的追求，推崇理性與道德，相信靈魂存在，這些是柏拉圖的影子。但他也反對柏拉圖哲學追求永恆，看輕現實的觀點，亞里斯多德更看重「現實」，認為智慧不可缺少對現實的認識。

亞里斯多德認為世界是由「實體」所構成的。想像眼前有隻小白兔子，像小兔子這樣白亮亮，摸起來軟綿綿的個體，亞里斯多德稱為「實體」。對柏拉圖來說可感的實體是認識真理的跳板，人該了解的是背後的規律。亞里斯多德反而強調世界就是由各種實體構成，人能夠認識實體，了解實體能得到知識。

他不像柏拉圖那樣排斥變化，反而認為世界上的變化並不是偶然的，想發現事物變化的規律。亞里斯多德認為一切事物都朝著某個定好的方向變化發展，例如，種子朝著成為樹發展，人類追求幸福或名聲。亞里斯多德把事物變化發展的方向稱為該事物的「目的」，了解一物的目的才能了解它存在與變化的意義。

亞里斯多德認為萬事萬物都有其目的，他說：「**大自然絕不做偶然與無益之事。**」「**自然總是眼看著最好的東西行動。**」萬物都朝向各自的目的發展。這裡的「好」是有「價值」意涵的，就像是蘇格拉底那種讓自己越來越好的過程，用現代話來說是「自我實現」，這是個萬事萬物都在追求自我實現的宇宙。

這是個很特別的世界觀。不過現代科學分開了「事實」與「價值」，科學家只能研究事情如何的事實，不該論及它的好壞。反對亞里斯多德者痛斥他把目的這種價值概念混進科學裡，妨礙了科學進步。不過，這種看法會在很多其他領域引起共鳴，我們還是很關心我們自

己，某些組織乃至於社會存在的「目的」。

亞里斯多德的目的概念儘管爭議，還是非常值得我們認識與思考，或許這就是這種哲學存在的目的。 ❸

---

❸ 柯（一）343–479，威 48–91，牛 44–51，批（上）99–162，羅（上）203–266，梯 78–99，傅 67–79，鄔 145–181。

讀後小測驗

1. 亞里斯多德說「不會讓雅典犯下第二次毀滅哲學的錯誤」，雅典第一次毀滅哲學的錯誤是指？

   A.讓嫦娥奔月　　　　　　　B.關閉柏拉圖的學校

   C.關閉蘇格拉底的學校　　　D.處死蘇格拉底

2. 亞里斯多德在近代常有不少負面印象是來自於？

   A.他跟柏拉圖的觀點不一樣　B.他不斷幫基督教會說話

   C.他創造的科學理論已經過時　D.他創造的文學理論已經過時

3. 亞里斯多德與柏拉圖最大的不同，是亞里斯多德的世界是由什麼構成的？

   A.原子　　　　B.實體　　　　C.赤兔馬　　　　D.元素

4. 亞里斯多德認為要了解萬物的存在與變化，最重要的是要了解它的？

   A.原子　　　　B.原質　　　　C.目的　　　　D.過去

5. 你覺得你自己的生命有某種「目的」嗎？如果是，那是什麼？如果沒有，你覺得這樣好嗎？

你喜歡聽故事嗎？想想看故事跟我們身處的世界有什麼關聯？

你比較喜歡詩還是歷史呢？說說你的原因。

你聽過哪些寓言故事呢？它們都闡述了什麼樣的道理？

14 詩比歷史更哲學：亞里斯多德（下）

從小到大你一定聽過「故事」，不管這些故事來自於童話、寓言、繪本，它們都是陪伴你成長的美好窗口，透過它們，你了解了某些事。這些故事在以下簡稱為「文藝作品」或「文藝」。本篇主題是文藝作品的意義與價值。

亞里斯多德對文藝的看法也與老師對立。他從老師身上學到的不是重複相同的說法，而是爬得更高，看得更遠的力量。不過在談他以前得了解一下他反對的那種柏拉圖觀點。

柏拉圖對文藝的評價基本上是負面的，這有點奇怪，因為他自己寫的故事就是文藝。他可能認為自己寫的是「哲學」而不是「文藝」，但兩千年後情況變化太大。不過讓我們先放下這點，試著回推當時想法。柏拉圖認為文藝作品是不好的，因為文藝作品描繪的故事「不是真實的」。

柏拉圖認為現實世界的背後有理性的規律，這是哲學家追求的道理，這些道理當然毫無疑問是真實的。但文藝不是哲學，不關心這些。除了道理，人對現實的描述也有真實性可言，例如我今天穿著藍色上衣是件簡單的事實。但文藝是想像的作品，也不描述簡單事實。

柏拉圖認為文藝不管在哪一種意義下都無法訴說真理，不是真實的。亞里斯多德反對老師的看法。他認為即使文藝是想像的作品，並不描述事實，但我們沒有理由說文藝創作無法訴說世界背後的 「道理」。

「詩人與歷史學家的差別不在於前者用韻文而後者用散文，希羅

多德的歷史可以改寫為韻文，但仍舊是歷史。真正差別在於歷史學家描述曾經發生的事情，詩人則高唱很可能會發生的事情，詩是比歷史更哲學，更嚴肅的：因為詩所說多半有規律性，而歷史總是紀錄個別事件。」

「詩」在此被視為是文藝作品的代表，亞里斯多德認為詩能讓我們認識到事物背後的規律，也就是道理，「更哲學」就是更清楚認識這些。比方說「狼來了」是個家喻戶曉的寓言故事，故事是虛構的，但「誠實」卻是人與人相互信任，合作共存的基本道理。

醜小鴨的故事也是虛構的，它也說出了人不該因自己與別人不同而看輕自己。文藝作品的寓意是哲學性的，這並不是輕看歷史的意思，亞里斯多德的「歷史」二字是比較狹義的，單純指事實的收集累積，很多研究歷史的人一樣能從歷史中看出背後的道理來。

亞里斯多德主張我們之所以覺得虛構故事栩栩如生，就是因為這些故事敘述著現實背後的道理。這些道理能被理智認識，產生了真實感。雖然亞里斯多德批評柏拉圖，但繞了一圈，精神上又回到了柏拉圖推崇的理智世界。

其實柏拉圖也有篇章提到智慧與美的合一，不過偏細節了。這也是古希臘哲學另一對最偉大的師徒，不管他們的意見相反還是一致，他們追求真理，真誠不欺的思考習慣直到今天還是值得人們欣賞與學習。**❹**

---

❹ 同前註。另參考《西方美學史》（上），朱光潛著，頂淵文化，51–79 頁。

讀後小測驗

1.柏拉圖對文藝的評價基本上是負面的，是因為他認為？

　　A.文藝是野蠻人的娛樂　　　　　B.文藝都很無聊

　　C.文藝描繪的不是真實的　　　　D.文藝描繪的都是真實的

2.亞里斯多德反對柏拉圖對文藝的看法，是因為他認為？

　　A.文藝作品無法訴說世界背後道理　B.文藝作品能夠訴說世界背後道理

　　C.文藝描繪的全都是真實的　　　　D.他喜歡皮卡丘

3.亞里斯多德提到，詩人與歷史學家的不同在於？

　　A.前者用韻文而後者用散文

　　B.前者用散文而後者用韻文

　　C.詩所說多半是歷史事件，而歷史總是談規律性

　　D.詩所說多半有規律性，而歷史總是紀錄個別事件

4.亞里斯多德認為人們之所以覺得虛構故事栩栩如生，是因為？

　　A.這些故事敘述了在現實中也能運用的道理

　　B.這些故事敘述的都是過去的事件

　　C.這些故事敘述的都是未來的事件

　　D.這些故事敘述的都是根本不可能的事件

5.你曾在故事中學到現實世界也能運用的道理嗎？簡述看看。

你覺得人類進入文明是幸福還是不幸？

文明中的人能追求到真正的快樂嗎？

你喜歡大自然嗎？如果要你放棄文明生活，回歸自然，你願意嗎？

你有沒有過滿足一個願望之後立刻就轉向下一個願望的經驗？

你覺得願望會不會是無窮無盡的呢？

15 我只想跟大家看起來一樣忙：犬儒學派

犬儒學派 (Cynicism) 是一個很「酷」的學派。創始者是安提希尼，他師承蘇格拉底，敬佩蘇格拉底那種重視靈魂，輕看俗世的高貴人格。他露天演講、批評政府、鄙夷財產與世俗的快樂。

他的弟子戴奧根尼 (Diogenes) 是這個學派的高峰。戴奧根尼認為人除了追求靈魂的幸福之外其餘一切皆為多餘。他不穿衣服，住在雅典街頭，沒有工作財產，從未提過家人。他把物質需求降到了最低點，不在意靈魂外的任何事，留下不少諷刺性的趣事。

戴奧根尼曾在大白天提著燈籠在雅典街上行走，見人就提燈往他臉上照，有人問他在幹嘛時，他便回：「**我想在雅典找出一個真正的人。**」

另一件事是當時希臘世界正準備與波斯帝國開戰，為了後勤補給，所有人十分忙碌。戴奧根尼在街頭找不著人攀談，便推著睡覺用的大桶在街上來回滾動，弄出很大的噪音。有人問他在做什麼，他答道：「**我也不知道，我只是想跟大家看起來一樣忙。**」

這兩件事都在諷刺當時希臘人的思想已經生病了。犬儒學派關注的主要是「自然」與「文明」的對立。人是自然物，存於天地之間。但人也進入了文明，創造了藝術、知識與法律，建立了國家社會。犬儒肯定自然這面，否定文明那面。都市文明讓人遠離了自然，變成像工具一樣的傀儡，既不自由也不幸福，戴奧根尼的酸言酸語批評的是無所不在的「文明」。

戴奧根尼認為文明是虛偽、貪婪與束縛的根源。貨幣本身不具任

何價值，人卻拚命追求，這是「虛偽」。文明不斷勾起新的欲望，讓人永遠不滿足，這是「貪婪」。親屬、習俗乃至法律都讓人不自由，這是「束縛」。文明世界看似快樂，實則讓人痛苦。

前兩者是常見的文明弊病，現代人應該都明白人在社會必須戴上虛偽的面具，而貪欲也的確如滾雪球般無窮無盡。第三點更特別些，犬儒反對一切社會關係，認為一切社會關係都弊多於利。家庭從根本上束縛了人一輩子，戀人們在痛苦裡尋找短暫的快樂，國家伴隨著無盡的鬥爭。只有棄絕一切文明，追求簡單自然如動物般的生活，才能享受來自於靈魂的幸福。

這真是相當偏激的，不太可能直接實行，但我們可以用這個來提醒自己，忙碌的、競爭的、不斷追求進步的文明生活，是否真的對人（我）有益？現代有許多人因高壓生活失去了寶貴的健康，對人（我）來說值得嗎？

筆者也住在城市裡，但總是覺得自然有種不可思議的生命力。城市裡的現代人幾乎接觸不到蟑螂、蚊子以外的動物了，但與非人類動物相處的快樂，是很多養貓、狗、鳥甚至魚的人親身經歷過的。對於陷身於文明的人類來說，犬儒執著的理想還是可以幫助你平衡生活，甚至幫你更幸福的。**❶❺**

---

❶❺　柯（一）153–157，批（上）171，羅（上）295–298，傅 48–54，鄔 83–84。

讀後小測驗

1. 戴奧根尼認為人除了追求什麼之外其餘一切皆為多餘？

　　A.真正的智慧　　　B.神聖的呼召　　　C.靈魂的幸福　　　D.長生不老

2. 犬儒學派關心的主要是哪兩者的對立？

　　A.善良與邪惡　　　B.神聖與凡俗　　　C.法師與戰士　　　D.自然與文明

3. 以下哪一個不是犬儒學派所說文明的弊病？

　　A.野蠻　　　　　　B.虛偽　　　　　　C.貪婪　　　　　　D.束縛

4. 犬儒學派認為怎樣才能獲得靈魂的幸福？

　　A.修身養性，讓欲望合理化　　　　B.棄絕文明，回歸自然的生活

　　C.專心於知識，追求智慧　　　　　D.縱情聲色，享受文明

5. 雖然犬儒學派說的有些理想，但你覺得文明有缺點嗎？你覺得自然好，還是文明好呢？

你常說「我不知道」嗎？你在什麼時候會說這句話？
你覺得人真的具有知識嗎？或是人可以知道所有的事情嗎？
你覺得「不覺得自己會贏」真的可以讓自己比較平靜嗎？
還是根本就說服不了自己呢？

16 對我而言，似乎如此：懷疑主義

不管在學校或在職場，如果不論被問什麼都說「我不知道」，這個人通常被認為是滿糟糕的。然而古希臘的懷疑主義 (Skepticism) 反而認為，全答不知道才更符合人類真實的狀況。

本篇主角是西元前四世紀，以皮羅 (Pyrrho) 為首的懷疑主義。這個學派主張人無法確定任何事，人對任何事都不該妄加斷言，與其說「這是如此」，不如說「這似乎是如此」，或「**對我而言，似乎如此**」。

柏拉圖肯定人能以理智認識世界，被稱為「理性主義」。亞里斯多德注意到感覺經驗的重要性，偏向「經驗主義」，但兩方都認為原則上人能認識世界，得到知識。懷疑主義認為人類無論如何都無法認識真實的世界，人只能停止判斷。

懷疑主義並不覺得自己胡說，反而認為自己的主張是認真思考的結論。人們對事物的意見、觀點或理論常是極度分歧，爭吵不休。認為萬物變化的人與認為萬物不變的人都相信自己是理性的，對方是沒有理性的，可見理性本身是分歧的，調節不了爭議。

人類從世界接收到的知覺資訊，比方說眼前杯子是白還是黃，這總是能知道的吧？話說回來，知覺會被人自身狀況影響，色盲的人看到的顏色跟一般人不同。一般人的知覺也很容易被背景、想法或欲望干擾，有個心理實驗做了一疊包含「黑心」的撲克牌，當給受試者看的時候，許多人會直接把黑心「看成」紅心。知覺並不絕對可靠，「眼見為憑」只是方便法門，稱不上真正確定。

也有人強調人並不是只能一句句地相信，我們可以提出「理由」

或「證明」來支持某些想法。懷疑主義的答覆是，任何的理由與證明都可以再被懷疑一次，我們可以懷疑理由本身，也可以懷疑推理的過程。講理由只是把問題往後延，無法正面保證確定性。

再考慮不同社會的習俗、道德、宗教乃至於價值觀的巨大差異，放諸四海皆準的價值觀更是癡人說夢。所以，認真思考的哲人會發現人根本沒有什麼是能確定知道的。

懷疑主義建議我們對任何事情都停留在「表象」的判斷，只說：**「對我而言，似乎如此。」**他們不堅持追究真相，認為強求真相既是徒勞無望，又是徒增煩惱的。對真實的斷定是一副心智的鐐銬，只通向心神不寧或食古不化。

懷疑主義認為懷疑的態度是好的，它可以糾正人的自滿，給個人保留空間，讓人不患得患失。懷疑帶來「寧靜」：不爭不吵，不擔心不失望。對追求知識的人來說，有一點懷疑的氣質是很健康的，只要不過分使用，不負責任一味懷疑才是欠打。

對我而言，懷疑主義似乎是如此，也許還有些東西我無法確定。❶

---

❶　柯（一）526–535，批（上）197–198，羅（上）298–307，梯 124–127，傅 89–91，鄔 195–197。

讀後小測驗

1. 懷疑主義對「認識」的看法是？

    A.只有理性能帶來認識

    B.只有知覺能帶來認識

    C.理性與知覺對認識都不可或缺

    D.理性與知覺對知識都無法帶來認識

2. 懷疑主義在檢討完人類到底能知道多少之後，結論是？

    A.能確定知道只有怪獸的知識　　B.根本沒有什麼能確定知道

    C.能確定知道的只有科學　　　　D.能確定知道的只有數學

3. 懷疑主義對任何事情都停留在「表象」的判斷，意思是？

    A.他們一句話也不說　　　　　　B.他們會說這「肯定」如此

    C.他們會說這「似乎」如此　　　D.他們會說這「並非」如此

4. 懷疑主義認為懷疑能帶來怎樣的好處？

    A.不爭不吵，保持寧靜　　　　　B.通達萬物，了解宇宙

    C.能說服別人自己是對的　　　　D.能控制自然，征服萬物

5. 你覺得懷疑主義的態度是好還是壞？會不會讓人感覺太消極？甚至太頹廢？

    _____

    _____

    _____

你覺得什麼是幸福呢？

你覺得快樂是什麼呢？你覺得幸福跟快樂一樣嗎？

你害怕死亡嗎？你對死亡有什麼看法呢？

17 這間房子裡的人若不是在幸福中，便在前往幸福的路上：伊比鳩魯

據說伊比鳩魯派 (Epicurean) 會所門前有塊木牌，上面寫著：「**這間房子裡的人若不是在幸福中，便在前往幸福的路上。**」這是一個以幸福為目標的學派，對他們而言哲學不是通天蓋地的知識，而是把握住幸福的智慧。

這學派的大師是伊比鳩魯 (Epicurus)，他主張哲學的目的是追求幸福，「幸福」就是「快樂」，哲學就是追求快樂。令人好奇的是，「學派」怎麼追求快樂？快樂不是該跟朋友狂玩遊戲，或大吃大喝嗎？

這些「消遣」是相對於「疲勞」存在的，若讓各位整天打電動，整天大吃大喝，其他事都不做，到死為止，會覺得這是完滿快樂的「一生」嗎？不見得吧！這些是短期的快樂，伊比鳩魯想的卻是長期的人生。對人而言什麼才是真實長遠的快樂？

古代人講到這兒，下一步大概會求神拜佛了。現代人講到這兒，下一步大概會接中樂透了。但如果一切人生來都是為追求快樂，這種快樂便不該是外在的，人外在境遇大不相同，又很容易變化，真正值得追求的快樂應該在人自己身上。

伊比鳩魯會說那就是身體的快樂。「**一切善的根源都是口腹的快樂。**」疑？他說的不就是大吃大喝嗎？不是。他說：「**當我們說快樂是首善的時候，我所指的並非墮落之人，或縱情聲色的快樂……這些都是無知或不聽我們意見之人的曲解；我的意思是那種能使身體免於痛苦、靈魂免於困惑的自由。**」

雖然主張身體的快樂就是幸福，伊比鳩魯卻反對縱欲享樂，認為快樂只是健康無憂。這能算「快樂」嗎？想像你睡了個午覺後醒來，

暫時拋下煩惱憂慮，深呼吸一口氣，此刻的健康、舒適與平靜正是伊比鳩魯認為人最應享受的快樂。他認為這已經是一萬分的快樂了，這是我們早該發現，只是因無知而沒有意識到的快樂。喝酒可以加五分，對身體的傷害卻是負五十分，根本是不划算的。

也可以把「強烈的快樂」想像為調味料，雖然食物味道主要來自於調味料，但正常人想吃的是食物，而非調味料。人常有強烈的欲求不滿，例如色欲，欲求的不滿會帶來強烈的痛苦，但滿足這種通常也只是紓解了不滿足，卻稱不上真正的快樂。

伊比鳩魯認為健康平安，無欲無憂是最大的快樂，但人太習慣追逐無窮的欲望，給自己增添煩惱。伊比鳩魯接受原子學派的世界觀，認為一切事物皆由原子構成，生命短暫，自由有限，死後消失。這讓他更珍惜健康無憂的每一刻，覺得這種平靜才是真快樂。這狀態說「快樂」也好，說「平靜」也好，基本上都是看透世界後的自處之道。

有人生活無憂，卻反而因此怕死。伊比鳩魯會說這也是自尋煩惱，因為人絕對不可能遇見死亡。當人活著之時，死還未到。當死亡來臨，人已經不在了。害怕死亡只是浪費生命。

要健康得保持養生的作息，要擺脫煩惱可參考學派的四藥方：「**痛苦只是暫時，快樂容易獲得，神明不關心人類，死亡與我們無關。**」任何人生的困惑，都可以在四者中找到答案。

這些想法聽來與世無爭，伊比鳩魯卻被嚴重汙名化，當時他們就被視為縱欲者；甚至是邪神信徒。據說伊比鳩魯寫了三百本書，卻一本也不剩了，存留書信顯示，伊比鳩魯身體非常不好，以病痛的身體為世界留下快樂主義，恐怕是對這世界最大的諷刺了。❼

---

❼　柯（一）510–523，牛 56–60，批（上）174–181，羅（上）307–322，梯 103–110，傅 86–88，鄔 193–195。

讀後小測驗

1.伊比鳩魯主張哲學的目的是？

　　A.追求智慧　　　B.追求幸福　　　C.追求學問　　　D.追求魔法

2.伊比鳩魯說一切善的根源都是？

　　A.聰明智慧　　　B.善良的心　　　C.神賜的寧靜　　D.口腹的快樂

3.伊比鳩魯認為最快樂的是？

　　A.健康無憂　　　B.勝過眾人　　　C.擁有學問　　　D.超級有錢

4.伊比鳩魯對死亡的看法是？

　　A.人只要保持健康，人就永遠不會死

　　B.人不可能遇見死亡，害怕死亡是浪費時間

　　C.人只要保持善良正直，就算死了也會上天堂

　　D.人的死亡，只是另一段旅程的開始

5.伊比鳩魯認為健康無憂是最大的快樂，你同意嗎？你覺得這樣不會

　　「無聊」嗎？

你有想過你的命運是什麼嗎？

當你遇到不順心的事情，你會選擇「認命」嗎？

你覺得要如何才能達到心靈的自由呢？說說你的想法。

18 你若不認命，命運拖著你走：斯多葛派

　　如果你認為人一生最大的敵人是「自己」，你大概是「準」斯多葛派 (Stoicism) 信徒。斯多葛派建立者是芝諾 (Zeno of Citium)，這是個歷史悠久的學派。他們與伊比鳩魯派曾相互敵視，斯多葛派推崇嚴肅的理性，鄙視伊比鳩魯追求膚淺的快樂。

　　這個學派淵遠流長，越後期特色越明顯。羅馬貴族辛尼卡 (Seneca the Younger) 與羅馬皇帝奧理略 (Marcus Aurelius) 是斯多葛後期的重要人物。相對於基督教跟伊比鳩魯派在當時羅馬社會底層流行，斯多葛派有不少高社會地位的信徒，不少羅馬貴族與統治者都會自稱為「斯多葛」。

　　斯多葛派認為宇宙是場規律的大火，不斷燃燒、毀滅、重生。整個宇宙，包括神明，都有其「命運」。幸運的是宇宙的命運是一種「道理」，人能夠認識它、理解它、進而幫助自己。

　　斯多葛哲學的重點不在純知識的理解，而在於從疾病中痊癒。辛尼卡曾說：「**我們說話的目的，不在於取悅別人，而在於幫助別人，病人不需要口若懸河的醫生。**」他所說的「病」，主要是因為抗拒命運所遭致的痛苦。套一個他們的例子，命運似車而人似狗，狗繩繫在車上，你若與車同方向，你可以領著車走；你若與車不同方向，車子拖著你走。

　　然而人由於理智不足與欲望太多，是注定會反抗自己身上的命運的，這成了人痛苦與煩惱的主要來源。「**人們的困擾不是來自事情的本身，而是來自他們對事情的看法。**」人們可能太樂觀，以為事情不會

變壞，不會有意外，在悲劇中絕望。也可能太悲觀，過分擔心，杞人憂天，抑鬱以終。

困境根本在自己，救贖方法也在自己。斯多葛派不喜歡用好話安慰人，他們反而喜歡強調事情比你想得更「壞」，即使命運如此那又怎麼樣呢？這些厄運真的能打倒真正的「你」嗎？

認清自己你就會發現，真正的自己就是人的心靈，但命運根本無法傷害人的心靈。沒有任何外物能傷害人的心靈，能傷害心靈之物都在心靈中，如果你因為失去妻子而悲痛，那只是你對妻子的貪戀所導致。面對現實，人注定會走，記得她，不代表你無法繼續活。太在意事物是一切痛苦的根源，心靈應該掙脫一切纏累而自由。

斯多葛追求心靈的自由，心靈自由是人最高的幸福。它在人與厄運搏鬥時格外明顯。**「那麼誰才是一個斯多葛呢？……請給我指出一個有病然而幸福，處於危險然而幸福，臨於死亡然而幸福，顛沛流離然而幸福，含垢忍辱然而幸福的人來。請你給我指出他來，我以諸神名義說，我真願見到一個真斯多葛。」**

斯多葛是種堅強的哲學，它高舉理智，以理馭情，認為人在任何情況中都可以回歸到心靈深處的寧靜與自由。但他所追求的心靈自由，與伊比鳩魯派追求平靜的快樂，幾乎是同一件事。兩者都是一種看透世事、免於私欲、恐懼、煩惱的平靜狀態，兩派是殊途同歸的。

這兩個學派的相互批評與殊途同歸。或許提醒我們在哲學上的任何對立與一致都不要看得太絕對。**⓲**

⓲ 柯（一）489–508 以及 537–558，牛 53–56，批（上）182–194，羅（上）323–348，梯 110–124，傅 80–85，鄔 189–193。

讀後小測驗

1.斯多葛派對宇宙的看法是？

　　A.認為萬物只是原子的運動與組合

　　B.認為萬物都是由貓變化而成的

　　C.認為任何意見都可以是對的

　　D.認為宇宙是場有規律的大火，不斷地毀滅與重生

2.斯多葛派認為哲學的理論重點應該在？

　　A.描述世界　　　　B.幫助自己　　　　C.幫助別人　　　　D.建立國家

3.斯多葛認為人做什麼才能從不幸中自救？

　　A.認識宇宙的真神，向祂懺悔　　　　B.謙虛和氣地對待任何人

　　C.知識累積量更多即可　　　　　　　D.認清自己並接受命運

4斯多葛認為人最高的幸福是？

　　A.口腹的快樂　　　B.永恆的信仰　　　C.美滿的婚姻　　　D.心靈的自由

5.斯多葛認為太在意事物才是痛苦的源頭，人應該學著不在乎，你同

　　意嗎？你覺得人真的有辦法不在乎自己喜歡或討厭的事物嗎？

你知道什麼是「中世紀」嗎？

你想像中的「中世紀」是什麼樣貌呢？

你有信仰宗教嗎？你認為宗教中有沒有哲學存在呢？

你熟悉基督教嗎？身邊有沒有信仰基督教的朋友呢？

19 人也需要信仰：中世紀哲學簡介

　　一般常以西羅馬帝國的滅亡作為古代世界的結束，中世紀的開始。而以東羅馬帝國滅亡或宗教改革為中世紀的結束，這中間有近千年的歲月。現代人的想像力把中世紀雕刻成奇幻浪漫的時代，充滿了各種傳奇：劍與魔法、巨人與龍、騎士與公主、戰爭與英雄。

　　相較於古希臘推崇理性的風格，中世紀哲學的主角轉向「宗教」。宗教在此是指與超自然力量打交道的人類活動。不管在猶太教、基督教、伊斯蘭教甚至是佛教聖典裡，人與超自然力量的接觸都是很頻繁的。人若不信有超自然，卻對宇宙仍抱有敬畏感，這僅僅是宗教的氣息，而不是宗教。

　　超自然力量細分又有「像人」與「像物」兩種，前者是「神」，後者常被稱為「魔法」。中世紀哲學關心的主要是「神」，而且不是像古希臘或東方那種滿天的神佛，是基督教的「獨一真神」。

　　說到宗教，也許有人立刻會覺得信仰宗教就是不理性的。中世紀的人不一定反對理性，反而覺得理性是理性，信仰是信仰，人不只需要理性，也需要信仰。這段時期的哲學家幾乎都是神學家，他們的哲學就是他們的神學，他們的神學也就是他們的哲學。

　　從哲學史的角度來說，常有人說中世紀是哲學的「黑暗時代」：意思是根本沒有真正的哲學，只有信仰。不過基督教的確為歐洲後世的哲學增添了些重要的元素，本篇列舉三個，但把最重要的一點留到下一篇。

　　基督教為哲學帶來了什麼？首先，基督教視每個人是由神所創造，

都有神所造的靈魂，這帶來了一種對「個人」價值的肯定。這點在政治、科學、教育上都產生很大的影響。近代以來的政治哲學追求個人的自由與權利，科學推崇個人不偏不倚的研究。直到現代，東西方教養仍有明顯差異，西方父母把孩子當成獨立的個體，東方父母更常視子女為自己的血脈。

第二，基督教加強了哲學對生命品質的興趣。知識能滿足人的好奇心，也能讓人精神成長，活得更有意義。古希臘哲學早期偏向滿足好奇心，晚期才對人生感到興趣。基督教是個追求「得救」的宗教，生命品質才是核心。這種如何讓自己活得更好的追尋，在現代反而變成了哲學的主調。

最後還有對「歷史」的意識。古希臘人喜歡現世，對歷史與神話不分，也不太在乎未來。基督教的創世、拯救與天國再來把歷史看成不同階段的發展，這些概念在中世紀醞釀發酵，成為後來近代哲學中的「歷史」、「進步」，乃至於「革命」的概念。

說完三點了。然而即便思想內容不論，現代有些人不喜歡中世紀哲學是因為這時代的哲學常涉入權力鬥爭，很可能傷害或殺死對手，對異教古文獻的破壞也是殘酷無情的，不過這些再怎麼說也就是時代的眼淚了。❶❾

---

❶❾　柯（二）1–14，牛 79，羅（上）385–391，梯 110–124，傅 104–106，鄔 201–214。

讀後小測驗

1.中世紀哲學的主題是？

   A.富國強兵   B.自然科學   C.宗教信仰   D.神祕怪獸

2.從哲學史的角度來說，有人認為中世紀是「黑暗時代」是因為？

   A.中世紀的哲學家喜歡穿黑色的衣服

   B.中世紀的哲學會議都在晚上舉行

   C.根本沒什麼哲學，只有信仰

   D.根本沒什麼信仰，只有哲學

3.基督教視每個個人是由神所創造，所以帶來了一種？

   A.個人的神祕主義   B.修行打坐的習慣

   C.肯定個人的價值   D.更尊重團體的精神

4.作者提到，近代或現代對中世紀哲學頗有微詞的一個重要理由是？

   A.中世紀哲學涉入了權力鬥爭   B.中世紀哲學加入了自然科學

   C.中世紀哲學加入了很難的數學   D.中世紀哲學都是胡說八道

5.你有宗教信仰嗎？你對宗教的印象如何呢？你覺得宗教會跟哲學有關係嗎？

你能夠區分基督教與猶太教嗎？說說它們的差異。

你願意為了信仰，接受生活中的各種戒律嗎？

你覺得堅持對一個人的成功來說重不重要？

你是一個有堅持精神的人嗎？

20 除了我以外，你不可以有別的神：猶太教與基督教

「除了我以外，你不可以有別的神。」這是猶太十誡的第一誡，也是猶太教、基督教與伊斯蘭教三大一神教的核心。這既是宗教信仰，也是對宗教信仰的禁止，彷彿告誡人們信仰是一把有好有壞的雙面刃。

基督教與猶太教在歷史上有親緣關係，耶穌基督是猶太人，祂熟悉引用的《舊約聖經》是猶太人的法典、歷史、詩歌。耶穌在猶太人中傳道，《新約聖經》重要作者保羅也是猶太人，我們先介紹猶太教。

猶太教是個「一神」的「民族宗教」，只傳給猶太人，宗教與民族（或種族）一體，既排斥其他神，又排斥其他人。他們相信獨一真神耶和華親自揀選了猶太人，成為神的選民，這不像我們熟悉的「有拜有保庇」的利益關係，反而像情侶互許終生的愛情，耶和華鍾情猶太人，猶太人永遠對祂忠誠。

除了信仰，猶太教也有各種生活戒律。遵守戒律不只是宗教的「要求」，也是種神賜下的「福分」，遵守神的戒律本身就是幸福。猶太人在後來基督教王國的歐洲流浪了一千多年，二次大戰後終於在中東建國，成為獨立的國家。

在猶太教背景下成長的拿薩勒人耶穌是基督教的開始。依《福音書》記載，耶穌是與超自然力量頻繁接觸的神之子：能水上行走、化水為酒、醫治癱瘓、甚至復活死人。耶穌受難時，門徒曾短暫地失去信心，但很快被神之子的復活重新燃起希望。耶穌把往普天下傳揚福音的使命囑託給門徒，「福音」是耶穌已經拯救一切人的好消息。

基督教是一種向所有人傳揚的普世宗教，認為人是由神所創造，

但人因自身罪惡無法與神和好。然而神愛世人，賜下耶穌為一切人贖罪，人們只要真心信仰耶穌便能得救。歷史將終結於耶穌再來，信徒只要誠心相信，耐心等候，必能得著永恆的幸福。

在思想上耶穌也反對猶太教的「教條主義」，好像神只看戒律而不看內心；但耶穌傳揚的神是鑑察內心的，認為內在精神比外在行為更重要。祂也強調人對神與他人應該要有足夠的「愛」，愛是種純潔奉獻的情感，甘願犧牲不求回報。

耶穌之後的保羅也強調福音絕不能止於猶太人，非猶太人也能因信仰而獲救。他也以和平主義的角度勉勵信徒忍受壓迫，讓政教分離，不要走武力抗爭路線，使基督教成為一種推崇博愛的普世宗教。

不知道各位是否聽過「棉花糖實驗」。這是個二十世紀的心理學實驗，實驗中小孩必須獨自面對香甜誘人的棉花糖，等待十五分鐘來得到更多獎勵。有人願意等待，但也有人不能。研究者多年後訪問這些小孩，發現能通過測驗的小孩往往是更成功的個體，他們的考試成績較好，身體也往往更健康。

基督教對整個歐洲來說有點像是文化版的棉花糖實驗，信徒們等候耶穌再來，過程中鑄煉了堅強的意志。這種意志一方面是宗教的，但另一方面也可能應用在非宗教領域。相對於希臘哲學賦予精神理性，基督教賦予精神堅持。❷⓪

---

❷⓪　羅（上）392–414，梯 147–148，傳 98–100。

讀後小測驗

1. 以下對猶太人或猶太教的描述，何者為非？

    A.宗教與民族一體，既排斥其他神，又排斥其他人

    B.他們相信獨一真神耶和華親自揀選了猶太人，成為神的選民

    C.他們追隨耶穌基督，為祂傳福音

    D.猶太教有不少生活的戒律

2. 基督教所謂的福音指的是？

    A.耶穌已經拯救猶太人的好消息　　B.耶穌已經拯救歐洲人的好消息

    C.耶穌已經拯救皮卡丘的好消息　　D.耶穌已經拯救一切人的好消息

3. 耶穌反對猶太教的「教條主義」，祂認為？

    A.內在精神比外在行為更重要　　B.外在行為比內在精神更重要

    C.教會捐獻比內在精神更重要　　D.教會捐獻比外在行為更重要

4. 相對於希臘哲學賦予精神理性，基督教賦予精神○○。○○應填入？

    A.智慧　　　　　B.堅持　　　　　C.幸運　　　　　D.資金

5. 你覺得堅持下去的韌性對人生來說重要嗎？還是只是相對性重要？
   你會期待自己是個有堅持力量的人嗎？

你覺得哲學會跟人的幸福有關嗎？你覺得什麼是幸福呢？

你覺得世界上的所有事物都是非黑即白的嗎？

中間有沒有可能有灰色地帶？

如果有一座「神之城」，你覺得會是什麼樣的景色？

21 基督徒是真正的哲學家：奧古斯丁

　　據說，希波的主教奧古斯丁 (Augustine of Hippo) 在接受基督教以前，對各種宗教與哲學都抱持興趣。他相信哲學是通往幸福之路，然而，唯一讓他獲得幸福的是基督教。所以基督教是真正的哲學，基督徒是真正的哲學家。

　　奧古斯丁是基督教最重要的哲學家。他以基督徒的身分思考哲學，但並不敵視希臘哲學。他相信希臘哲學含有智慧，最後卻不幸走向了紛爭與懷疑，但人真正渴望的是真理與平靜，真正的智慧在基督教裡更完整。

　　奧古斯丁是二元對立思考（或簡稱「二分法」）的代表性人物。他認為思考最重要的功用，就是認清事物到底是對立兩方中的哪一邊。世上一切事物，包含每個個人在內，都是在「聖」與「凡」、「善」與「惡」、「永恆」與「暫時」、「光明」與「黑暗」中選擇。柏拉圖哲學有類似想法，奧古斯丁又以基督教的背景解釋之。

　　人類生來便渴求幸福，這是人的愛：「**人的重量就是人的愛。**」重量決定你降落在何處。然而因為世界的二元性，凡俗之物注定是短暫、飄盪、甚至是罪惡的，終歸於虛空。真正的幸福是走向聖的那一邊，發現永恆、皈依信仰、享受神賜的平安。塵世的生活只是尋找神的旅程，與永恆的生命相比，這甚至不算真正活著。

　　一切事物中都含有二元性，他把靈魂看成是善的、神聖的，身體是邪惡的、犯罪的。思想是善的，感覺是惡的；謙卑是善的，驕傲是惡的。奧古斯丁還用二元性解釋歷史。人自創世以來就有兩座城，一

座是由神統治的神之城，一座是由魔鬼統治的世俗之城。任何團體中都有兩座城，兩種人，連教會也不例外。歷史有其終點，最後審判之後，這兩座城將各自充滿了永遠喜樂與永遠受苦的人們，歷史的結局依然是二元對立。

我們要學著看清楚這種二元對立的思考習慣，這是很常見的。在政治中我們認為自己支持的候選人是「善」的，競爭的候選人「邪惡」。在戀愛中我們所愛之人是「聖」的，其他人是「凡」的。在生涯規劃時認為某種未來是「有意義的」，其他的是「沒有意義的」。

這種思考習慣有好也有壞。好處是讓人擇善固執，壞處是讓人過於激動。你所愛的人是聖，其他人是凡，當失去對方時，世界是否就毀滅了呢？你支持的候選人是善，其他人是惡，結果當他落選時，國家就滅亡了嗎？通常是都不會。對世界的基本看法決定了你所見的世界。

但也不要忽略二元思考好的一面，奧古斯丁說：「**我要認識的只是神和我的靈魂，還有別的嗎？不，沒有了。**」能說出這句話的人是非常幸福的，他完全投入衷心所愛的信仰上。願大家都能像奧古斯丁那樣找到自己愛的東西，也不要忘記認識自己的靈魂。 ❹

---

❹　柯（二）59-127，牛 82-97，批（上）213-258，羅（上）447-463，梯 161-170，傅 107-121，鄔 227-270。

讀後小測驗

1.奧古斯丁認為真正的哲學是？

　　A.自然科學　　　　　　　　　　B.柏拉圖哲學

　　C.伊比鳩魯的哲學　　　　　　　D.基督教

2.哲學上奧古斯丁是哪一種世界觀的代表性人物？

　　A.二元對立　　　B.一元對立　　　C.超人主義　　　D.怪獸哲學

3.奧古斯丁對「歷史」的看法是？

　　A.歷史極其無用　　　　　　　　B.歷史會進步，有其終點

　　C.夜路走多了，總會遇到鬼　　　D.歷史會不斷循環，沒有終點

4.二元對立的思考習慣有好也有壞，以下何者不是前文說的？

　　A.好處是讓我們擇善固執　　　　B.壞處是讓我們擇善固執

　　C.壞處是讓我們太激動　　　　　D.某些時刻能讓人得到幸福

5.試著想想，在你身邊有沒有人因為二元對立的想法刺激，太過於激
　動，選擇了錯誤或令人討厭的行動的例子？

你覺得哲學與神學能夠平等共存嗎？

還是說有一方注定為另一方服務？

你聽過伊斯蘭教嗎？身邊有伊斯蘭教的朋友嗎？

你覺得伊斯蘭教與基督教對於政治的態度上有什麼不一樣？

22 哲學是神學的婢女：經院哲學

　　許多的動畫或遊戲的背景是中世紀的歐洲，那時世界充滿鄉村氣息。交通的不便使人們輕易相信山的另一邊住著龍或巨人，村落裡流傳著精靈與魔法的詩歌。這個時代或許缺乏科學知識，但生命的美好並不因此而缺席。

　　基督教也沒有缺席，雖曾貴為羅馬國教，教會在帝國滅亡後也下鄉擁抱平民，為人們講經、證婚、安慰生老病死。雖然在宗教面不假寬容，但基督教有種平等精神，視靈魂為神之造物，希臘羅馬時代大規模的奴隸漸漸消失。

　　中世紀開始的前三百年，羅馬周圍戰爭頻繁，教皇任人宰割。西元 800 年英雄終於出現了，法蘭克王國的查理大帝東征西討，救出了被綁架的教皇，建立了涵蓋今日的法國、德國西部、瑞士、義大利北部的神聖羅馬帝國。他就是撲克牌上的老 K。

　　查理自己不太愛讀書，卻願意花錢蓋神學院，促成了「經院哲學」(Scholastic Philosophy) 的誕生。經院哲學是一種融合信仰與理性的哲學，意在為基督教的世界觀建立井井有條的體系。但隨著教會權力的穩固，神學越來越關鍵，哲學越來越次要。達米安曾說：「**哲學是神學的婢女。**」奧古斯丁認為哲學不如基督教，但只是程度差異，不像達米安認為哲學只剩下工具價值。

　　在西元七世紀的西亞，出現了以猶太教與基督教為背景的新一神教：「伊斯蘭教」，又稱「回教」。伊斯蘭信徒通稱為「穆斯林」，穆斯林相信造物主差遣先知穆罕默德來啟示世人，讓世人認識唯一真主阿拉。他們並不排斥猶太教跟基督教的先知，但強調穆罕默德是最後，

也是最重要的先知。

伊斯蘭教也是普世宗教，只是建教後不是像基督教初期那樣忍受政治壓迫，而是踏上武力傳道的征途。西元八世紀後半，伍麥葉王朝的領土從西亞到北非乃至於西班牙，領有一千三百萬平方公里的土地，統治超過三千萬人。

伊斯蘭教與基督教的政教分離相反，追求政教合一，教皇「哈里發」也是皇帝。早期伊斯蘭教有種強烈追求平等的精神，任何人都可以成為穆斯林，所有穆斯林一律平等，同享阿拉真主、穆罕默德聖訓、哈里發法律的保護。他們用「天課」要求富人付更多的稅，努力消除經濟上的不平等。

九到十世紀伊斯蘭帝國發展至頂峰，巴格達與長安同為當時世界文明中心。伊斯蘭文化的法律、藝術、數學、煉金術乃至神祕主義都蓬勃發展著。歐洲在十字軍東征之後，才接觸到這個當時比他們更先進的文化，這帶來了新刺激與模仿對象。

歐洲對異文化的渴望帶來了新的風潮：「理性」。伊斯蘭教徒與基督教徒宗教信仰不同，軍事上又互為仇敵，可是吸納對方的知識以為己用，增加我方的勝算，這可是連教皇也不會反對之事。負責理解吸收的是人的「理性」，理性地位開始回升。

隨著東來的羅盤、火藥、造紙等技術水漲船高的理性精神深刻地影響了歐洲。等教會發現不對勁，開始壓迫與控制，設定的限制越多，激起反感也越強烈，再也無法回到原本的單純。這可能又是「欲速則不達」的例子吧！❷

---

❷　柯（二）153–303，羅（上）494–560，梯171–178，鄔277–279。

讀後小測驗

1.什麼是「經院哲學」？

　　A.融合理性與信仰的哲學　　　　B.研究科技的哲學

　　C.研究古希臘經典的哲學　　　　D.經常在院子裡的哲學

2.以下關於伊斯蘭教的描述何者正確？

　　A.伊斯蘭教講求政教分離，教會不能干預政治

　　B.伊斯蘭教講求政教合一，教皇就是皇帝

　　C.伊斯蘭教不承認猶太教與基督教的先知

　　D.伊斯蘭教主張種姓制度

3.早期伊斯蘭教有強烈追求什麼的精神？

　　A.自由　　　　　B.犧牲　　　　　C.力量　　　　　D.平等

4.歐洲渴望吸收異文化帶來了哪一種新風潮？

　　A.寬容　　　　　B.感性　　　　　C.理性　　　　　D.奉獻

5.你聽到的早期伊斯蘭教與新聞報導中聽到的伊斯蘭教有什麼不一樣？你覺得什麼造成了這種不一樣？

你覺得接受別人的想法等於不自己思考嗎？

還是接受其實也有差別呢？

你覺得「大象在睡覺」是「剛剛有下過雨」的好理由嗎？

如果不是，什麼才是好理由？

想想看，你要如何證明神存在呢？

23 理性不能給予人信仰，卻可以幫助人接受信仰：多瑪士·阿奎納

　　有些人覺得向別人學習就等於放棄創造自己，在哲學史中並非如此。哲學家多瑪士·阿奎納，是個優秀亞里斯多德的研究者，他也從了解別人的思想中創造出自己的思想，贏得了後世的尊敬。

　　多瑪士·阿奎納 (Thomas Aquinas) 是十三世紀的哲學家，他創造了一種追求理性，講求分析與推理的經院哲學。他把哲學視為獨立於神學的科目，認為哲學根基於理性，追求符合事實的真理；神學根基於天啟，追求神聖的真理。神學地位至高無上，但基礎與方法的不同造就了不同的科目。

　　雖然科目不同，但多瑪士認為哲學是有益於神學的。儘管《聖經》讓我們認識神，找到生命的意義，異教徒卻不接受《聖經》。既然異教徒有自然的理性，以理性推理神的存在也許可以增加說服力，理性不能給予人信仰，卻可以幫助人接受信仰。其實以當時時空背景，推理神的存在很多餘，這些推論反而是想證明理性對信仰的絕對忠誠。

　　我們得介紹一個邏輯或哲學的專有名詞：「論證」。哲學中把用「理由」來支持某句話的動作叫「提出論證」。假如我說：「明天會下雨。」有人問我怎麼知道，我回：「天氣預報說的。」我提出了一個「論證」。

　　其實論證是把我們平常自然說出的推理條理化。論證中用來支持的「理由」叫「前提」，被支持的「論點」叫「結論」。前一個論證的前提是「天氣預報說明天會下雨」，結論是「明天會下雨」。兩者中只要有一個不同，就是不同的論證。例如，如果剛剛我講理由時回：「因為我風濕痛了。」這是結論相同但前提不同的新論證。我也可以用天氣預報說明天下雨當前提，然後說明天不會下雨，因為我認為天氣預

報絕對不準。論證好壞一般就是指「前提」對「結論」的支持力是否足夠。

　　寫出論證能讓推理更清楚明亮。多瑪士提出了五個論證，五個論證的結論都是「神是存在的」，但前提不同，而且都出於理性而非《聖經》。我們簡單瀏覽，你可以自己思考好壞。

　　論證一是說一切事物都是被某個物推動的，因此一切事物「最後」必定被某個不動者推動，那就是「神」。論證二是說凡事必有因，一件事雖然可以作為另一件事的原因，但它本身又需要更之前的原因，如此無限後退將是不可能的，因此宇宙必有一起始的原因：「神」。這兩個論證很相似，都說不可能用無限後退解釋現存世界。

　　論證三是說世上萬物都有可能不存在，因此必有必然存在之物來讓一切存在。論證四認為世界上存在種種不同完美程度的事物，因此必有一完美的神，才能解釋現存一切。這兩個論證都從現世的不夠完美來反推完美的神。

　　論證五最有創意。大意是說自然界的結構與規律充滿了設計感，比方說植物的花粉與蜜能餵飽蜜蜂，但也能讓植物授粉，最後兩全其美。這不可思議的巧合代表整個自然世界有背後的設計者：神。這論證要等演化論問世才出現抗衡的力量。

　　這些論證要說神的存在是合理的，反過來說，理性也是合神心意的。多瑪士把哲學與神學分開的努力為理性從信仰中獨立開出了一條道路。三百年後，理性果然不負眾望，開始創建自己的世界。 ❷❸

❷❸　柯（二）429–596，牛 123–129，批（上）265–328，羅（上）573–588，梯211–223，傅 140–149，鄔 309–327。

讀後小測驗

1. 本篇的哲學家多瑪士·阿奎納，是哪一位哲學家的重要研究者？

   A. J. K. 羅琳   B.奧古斯丁   C.蘇格拉底   D.亞里斯多德

2. 在學科之間的關係，多瑪士認為？

   A.哲學是獨立於神學的科目   B.科學是獨立於哲學的科目

   C.數學是獨立於科學的科目   D.哲學是獨立於科學的科目

3. 論證是由哪兩部分組成的？

   A.理論與推論   B.推理與討論   C.前提與結論   D.前句與後句

4. 以下哪一個「是」多瑪士提出的神存在的論證？

   A.人類是有靈魂的，靈魂不可能是自然產生的，因此必有神的存在

   B.人類有許多不同的社會，可是都有神的概念，因此必有神存在

   C.凡事必有因，每件事都需要原因，無限後退是不可能的，因此必有一

      始因，神

   D.有些聖人見過神，這些人不可能是騙子，所以必定有神

5. 你認為這五個論證中有合理的嗎？還是有不合理的？為什麼？

你有聽過「極簡主義」嗎？你喜歡簡單還是複雜？
你覺得理論是愈複雜愈好？還是愈簡單愈好？
你覺得知識的用途是什麼？是把事情簡單化還是複雜化？

㉔ 你們白白地得來，就該白白地捨去：十四世紀的哲學

有時想變得更好，需要的不是「增加」，而是「減少」。一座美好的雕像必須把原來部分石塊鑿掉而成，如果堅持「有」就是「好」，真正的美好就永遠不會誕生。十四世紀的哲學是種睿智的捨去，而不是建造。

十四世紀有名的思想家幾乎都來自於「方濟會」，這是法蘭西斯在十三世紀建立的修道會。據說法蘭西斯被一句〈馬太福音〉的話：「**你們白白地得來，就該白白地捨去。**」感動，建立了與有錢有勢的天主教會平行，一個追求「神貧」——神賜的貧窮——的組織。

方濟會的成員願過貧窮的生活以示信仰上的忠心。除了拋棄財產，法蘭西斯還愛好大自然。他稱呼太陽為弟兄，向小鳥與松鼠傳道，現在的愛護地球日就是從他的逝世紀念日而來。古希臘時代有一支厭棄文明的犬儒學派，主張回歸自然，享受靈魂幸福的生活，方濟會有些像是這個學派的基督教版本。

這種主張在思想上的展現，是一種討厭「複雜理論」的思考習慣。十三世紀的多瑪士肯定理性，追求井井有條的認識。因為鉅細靡遺，累積下來難免繁雜。相對於此，方濟會的思想家則推崇追求簡單的思考習慣，代表性人物是奧坎的威廉 (William of Ockham)。

奧坎是十四世紀的神學家、思想家，也是方濟會修士。奧坎的政治立場與天主教會對立。他在教會與國家的權力鬥爭中選擇支持皇帝，他曾對皇帝說：「**請你用刀劍保護我，我將用筆保護你。**」但與其說奧坎熱愛國家，倒不如說他認為天主教會不該介入權力鬥爭。（後來的宗

教改革者也推崇他）

　　他提出了一個名為「奧坎剃刀」的思想原則，「**能以較少條件完成的事，就不該用更多的條件來完成。**」如果吃一顆藥病就會好，就沒有必要再多加一顆。這個原則是說理論越「簡約」越好。剔除不必要的複雜條件，以簡馭繁，讓理解更省力、教育更方便，深入研究也更容易。

　　奧坎認為知識的用處是認識具體的世界，把事情簡單化，而不是無止盡地尋找抽象的原理，增加不必要的複雜。儘管奧坎是神學家，這種對「捨去」的推崇卻帶來了一種「以簡馭繁」的思考風格。這種思考風格對新的哲學或未來科學的誕生都有很大的幫助。

　　奧坎絕不能省去的就是神了。在這點上他也很乾脆，他認為信仰就是信仰，沒什麼可以理解的，人只需要信仰神，服從神。不管有沒有念哲學，神都是人不能理解的。我想又有人會為這種簡單拍手。

　　奧坎是我們介紹的最後一個中世紀哲學家，這些關於信仰與學術的思辨最後貢獻給了人類精神長河。我們接下來要進入名為「文藝復興」的新時代。❷❹

---

❷❹　柯（三）1–178，牛 139–142，批（上）335–377，羅（上）588–604，梯 236–241，傅 153–155，鄔 336–339。

讀後小測驗

1.十四世紀有名的思想家幾乎都來自於？

　A.方濟會　　　　B.兄弟會　　　　C.光明會　　　　D.耶穌會

2.前述的組織主要追求的是什麼？

　A.信仰　　　　　B.神祕體驗　　　C.知識　　　　　D.神貧

3.被稱為「奧坎剃刀」的思想原則，通常表示為？

　A.「除非必要，錯誤不必減少。」　B.「除非必要，存在不必減少。」

　C.「除非必要，存在不必增加。」　D.「除非必要，課金不必增加。」

4.作者提到，儘管奧坎是神學家，「捨去」的思考習慣卻對什麼的誕生

　有所助益？

　A.政治學　　　　B.科學　　　　　C.美學　　　　　D.倫理學

5.你覺得就你個人而言，有什麼部分是「捨去」會比較好的？還是完

　全沒有？

你對於「文藝復興」有什麼印象嗎？

相對於中世紀，你會覺得古希臘的文化較為真誠嗎？

你覺得人的欲望一定是好的嗎？還是有好有壞呢？

中世紀是黑暗時代：文藝復興

十五至十六世紀被稱為文藝復興時代。許多人會把這時代與藝術品聯想在一塊，的確，達文西、米開朗基羅與拉斐爾合稱「文藝復興三傑」，很少有人沒聽過任何三傑的作品。相對於中世紀的出世之旅，文藝復興是倚靠藝術之美重回人間。

中世紀習慣以神為中心理解一切。這個世界與神相比微不足道，如果你去過歐洲，應該參觀過美輪美奐的教堂，如果你同時又看到中世紀保留下來的民宅，這些房子通常比你想得更糟。相對於天堂，塵世生活只是客棧，不是家。我們很難說這種思考習慣是錯的，但你不能不說它有點偏執。

這種偏執讓世界上一切美好都不重要。教會真的持這種態度也就算了，但十三世紀以來教會對於權力與金錢的爭奪，讓人覺得根本說一套做一套。文藝復興的人文主義者，佩脫拉克 (Francesco Petrarca) 跟薄迦丘 (Giovanni Boccaccio) 都攻擊教會的虛偽與背德，推崇沒有基督教前的古文化更真誠、更健康。佩脫拉克認為古希臘羅馬的光芒令中世紀羞恥，中世紀是「黑暗時代」。

薄迦丘以諷刺小說攻擊教會的虛偽與悖德，他的故事中教士是一種表面上禁欲，背地裡卻什麼都要的貪心鬼。薄迦丘真誠地面對自然欲望，肯定現世的價值，留下「**幸福已在人間**」的理想。

文藝復興的主調是「喜愛現世」跟「崇拜古希臘」。他們不否定欲望，追求現實生活的享樂。這兩者也相互支持，他們把古希臘看成熱愛現世的文化。羅素在《西方哲學史》說：「**我想不出文藝復興時代的**

人除了焚毀古人典籍之外，還有什麼壞事幹不出來。」意思是這時代的人因追求享樂導致道德界線鬆動，但他們仍盲目地崇拜古人，好像教徒崇拜教宗一樣。

1453 年君士坦丁堡被攻陷，東羅馬帝國滅亡，大批希臘學者流亡至義大利。這些學者帶來了一波新的古典文藝浪潮。不過這些研究，依當時的興趣，還是以推崇古文化之美，而不是以純知識的態度去追求。

達文西、米開朗基羅與拉斐爾三傑的繪畫與雕塑藝術，以「美」的感受將人們的眼光拉回到塵世。文藝復興分子尋找教會以外的精神力量對抗教會，但找到的不是「知識」，而是「美感」。徹底改變近代的科學知識要到十七世紀才登場。

話說回來，住在義大利城市裡的藝術家、作家或知識分子，賴以維生的社會組織還是與教會勢力息息相關，所以義大利的文藝復興也只是一種精神上的出軌。要再翻過阿爾卑斯山的另一邊，才有與天主教會真正的「決裂」。（見 27 篇）㉕

㉕　羅（下）7–17，梯 252–254，傳 168–170，鄔 347–348。

讀後小測驗

1. 作者提到中世紀思考習慣的偏執，是因為？

    A.太看輕現世　　　B.太看重現世　　　C.太看重財富　　　D.太看重榮譽

2. 作者提到，文藝復興的主調是？

    A.重視哲學與崇拜中世紀　　　　B.喜愛現世跟崇拜古希臘

    C.看重道德與崇拜古希臘　　　　D.喜愛現世跟崇拜日本人

3. 文藝復興分子尋找教會以外的精神力量對抗教會，找到的是？

    A.文學　　　　B.科學　　　　C.道德　　　　D.美學

4. 以下何人「不是」這一篇提到的文藝復興分子？

    A.佩脫拉克　　　B.柏拉圖　　　C.達文西　　　D.薄伽丘

5. 整體而言，你喜歡這個世界嗎？有特別喜歡當中的哪一部分嗎？有

    不喜歡哪一部分嗎？

有聽過「地理大發現」嗎？說說看你的印象。
如果你生活在地理大發現的年代，你會想要航海嗎？為什麼？
你曾想過要「探險」嗎？
如果探險有危險，你還會想繼續嗎？

26 大海是通往大世界的道路：地理大發現

　　1492 年，哥倫布發現美洲大陸，歐洲進入了新的海賊王，喔，不，是大航海的時代。首先是西班牙與葡萄牙，接著是荷蘭與英國，都意識到大海不是國土的界限，反而是通往更廣闊世界的道路。它們先後投入競爭海上霸權，最後英國成了海洋霸主，從中獲得了最大的利益。

　　地理大發現給歐洲帶來太多驚人的改變。從美洲帶回的農作物帶來了農業革命：玉米、馬鈴薯、番茄等，改善了人們的健康，增加了土地負載力。遠洋航海帶來了對金融業、機械、製造、資源開發等專業的需求，促成的建設變成了工業革命的溫床。

　　海洋帶來最大的改變是沿海巨型城市的興起。船載運的貨物比陸運多非常多，船運發達後更容易出現沿海大都市。大都市產業分工細密，財富集中更能養得起知識分子。海戰也是戰爭科學的重要動力，陸戰多依賴帶兵者的機智與武勇，而海戰更需要科學技術的力量。例如 1587 年的英西海戰中，英國利用新火炮的距離優勢擊敗西班牙的無敵艦隊。

　　在思想面上，當時歐洲陷入倦怠期，太陽底下沒有新鮮事。但是，西方沒有任何古代經典記載著新大陸，這完全是件擺在眼前的新鮮事，賦予了西方人探險與創新的動力。當這種動力出現在知識分子身上時，就是科學與哲學的黃金時代。

　　前述這些是好的，但發展往往有好有壞。西班牙征服者擊敗了美洲原住民，建立了殖民地。殖民地是一種類似於奴隸的土地，宗主國

以武力控制殖民地，不是為了統治，而是獲取資源養活宗主國的軍隊與經濟。殖民地文化還常被貶為野蠻的象徵。

同時歐洲人也開始了「奴隸貿易」。運用工業生產的物資在非洲購買奴隸，運送到美洲墾荒，再把生產資源送回母國。這讓當時歐洲人賺飽口袋的行動造成了非洲人口大量流失，捕捉奴隸的戰爭頻繁，衍生大量問題。直到今天美國黑白種族的對立依然存在。

以上行為與基督教信仰其實是衝突的。非洲人或原住民就不是神的子民嗎？這衝擊著信仰，當時就有傳教士選擇進入原住民的部落，帶領他們反抗白人霸權，不過這仍屬零星事件。黑人奴隸問題要在十八世紀末的啟蒙運動後才站上歷史的主舞臺。

最後就認識世界這件事上，在地理大發現以前，所有民族都受限於自己的位置與角度，都以為自己所知之地就是「世界」。在地理大發現以後，「全世界」的概念才出現在歐洲。這是一個探險、變化、創造的時代，很諷刺的，這種氣氛剛好跟現在的世界相反。（現在的世界是一個缺乏新奇、又熱又擠的地方）❷❻

---

❷❻ 《寫給年輕人的簡明世界史》，宮布利希著，張榮昌譯，商周出版社，235–243頁。

讀後小測驗

1.歐洲的「農業革命」起源於？

　　A.十字軍東征獲得的土地　　　　B.中國食物傳入

　　C.義大利的食物革命　　　　　　D.新大陸的農作物傳入

2.以下何者「不是」作者提到海洋時代的改變？

　　A.沿海巨大城市的興起　　　　　B.海賊變得越來越多，越來越強

　　C.都市養得起更多知識分子　　　D.海戰成為科學的重要動力

3.在思想層面上，以下何者是大航海時代時歐洲的狀況？

　　A.地理大發現帶來了東方的學術

　　B.地理大發現中魯夫在發現偉大航道後，發現了一片全新的世界

　　C.西方沒有任何經典記載著新大陸，激勵了歐洲人探險與創造

　　D.地理大發現讓歐洲人學習原住民的生活

4.在認識「世界」上，歐洲有什麼新的變化？

　　A.歐洲開始學習東方　　　　　　B.歐洲開始進攻非洲

　　C.歐洲開始閉關自守　　　　　　D.歐洲開始有了「全世界」的概念

5.你覺得現在的世界，還有任何的地區或領域是可以去探險的嗎？比起在地球上過舒服的生活，你會願意冒著不方便與危險去宇宙探險嗎？

- -

- -

你知道天主教與基督教的不同嗎？

你知道「宗教改革」嗎？試著說明你所知道的。

你覺得信仰是屬於自己的嗎？教會可不可以干涉你？

27 批評教會不是為了拋棄信仰，是為了更真誠的信仰：宗教改革

　　現代人推崇個人自由，很少人會想到，個人自由與「宗教」有關。教會組織在歷史中不太像是自由的推手，反而像阻擾者。然而在宗教改革中分裂出的「新教」，卻很可能是現代個人自由重要的源頭。

　　十四世紀以後教會信譽每況愈下，終於來到了革命的時刻。1517年馬丁‧路德 (Martin Luther) 張貼《九十五條論綱》，公開指責教會出售「煉獄贖罪券」的荒謬。當時天主教相信有「煉獄」的存在，煉獄是指已經懺悔的靈魂，進入天堂前需煉淨身上的罪惡。

　　贖罪券不能贖買地獄的靈魂，但可以減少煉獄的苦刑，使基督徒進天堂之路更加順暢。贖罪券不但能自用，還可以幫別人，甚至替死人買。馬丁‧路德指責販賣贖罪券讓人輕視悔改，購買者會以為付錢就能替代悔改，販賣者也容易被勾起貪欲，被懷疑在斂財。

　　馬丁‧路德批評教會不是為了拋棄信仰，是為了更真誠的信仰。羅馬教會與馬丁‧路德的談判與壓制並不成功，「新教」誕生並在歐洲傳開，羅馬教會從此被稱為「天主教」。馬丁‧路德在抵抗運動中越來越堅定，信仰是「個人」與「神」之間的關係，不需要「任何」個人以外的組織插手保證。羅馬教會不管多麼崇高，都不能裁決任何人的信仰，信仰是個人與神雙方的事。

　　這種對個人信仰的保護，很可能是現代自由的先驅。舉個例子，假如今天我寫書正開心，有個人跑過來跟我說，他代表一個組織，組織觀察我很久了，說我現在不夠幸福，他們分析我該去從軍才能真正幸福。我想說：「先生不管您們的分析如何，這都不干您們的事。」我

的幸福不需要組織來認定，就像信仰不是由教會來決定一樣。

同樣道理不只能用在幸福，也能延伸到真相或正義之上。常見的故事是，某一個自由獨立的個人為了保護弱者或發現真相對抗一整個邪惡的組織，最後成為英雄。個人的精神力量是不該被任何組織壓制的，這些想法透過新教國家的強大，已經成為世界的主流價值。

除了價值文化，宗教改革也影響到國家的建制。路德新教為了反對天主教會，在政治上支持專制君王。在路德教派流行的神聖羅馬帝國與北歐，精神自由與嚴格的社會秩序同時並存著，不管在十八世紀以來的德國地區，乃至於今天的北歐都還能看見這種傳統的影子。

新教不是只有馬丁‧路德一支。另一位新教領袖加爾文 (John Calvin) 在日內瓦改革成功，加爾文派在政治上偏好沒有君主的共和主義與議會制。這一派流傳到荷蘭與蘇格蘭，在這些國家中對抗政府的色彩越來越強烈，再透過清教徒革命與光榮革命影響了英國，清教徒又大量移民美國。這些國家共和主義色彩明顯，思考與生活習慣也更接近現代。

在西歐與北歐流行新教之時，西班牙與法國依舊擁護天主教，國體也是絕對君主制。不同宗教也與不同的政治制度相關聯。在經過三十年戰爭與八十年戰爭兩場大戰之後，《西伐利亞條約》 (Peace of Westphalia) 為三大勢力劃分地盤。歐洲因信仰分裂成難以統一的戰國世界。❷⑦

---

❷⑦　羅（下）40–43，梯 274–275，傳 171–173。

讀後小測驗

1. 宗教改革的衝突是起源於馬丁·路德公開指責什麼？

　　A.教會賣煉獄贖罪券的荒謬　　　　B.教宗傳位給兒子的荒謬

　　C.教會養了太多赤兔馬的荒謬　　　D.教會神職人員考試不公平

2. 作者提到，馬丁·路德在新教運動中越來越確定什麼？

　　A.神職人員考試是不公平的，而且薪水太低

　　B.信仰是個人與教會的關係，需要教會的保證與裁決

　　C.信仰是個人與神的關係，不需要任何組織保證或裁決

　　D.信仰是教會與神的關係，不需要個人的裁決

3. 宗教改革之後，哪種想法透過新教國家的強大，慢慢變成世界的主流價值？

　　A.推崇個人追求財富自由的想法　　B.推崇雄辯術的想法

　　C.高舉國家社會力量是一切的想法　D.個人精神不該被組織壓制的想法

4. 新教的加爾文派流行的地區，多半採？

　　A.開明君主制　　B.議會共和制　　C.絕對君主制　　D.封建領主制

5. 你認為自己有什麼想法或愛好，是絕對無法被別人影響或控制的嗎？還是你覺得你一切想法都是這樣子的呢？

　　--

　　--

　　--

你贊不贊同「為達目的，不擇手段」？

你覺得當國王或總統一定要有仁義道德嗎？

可不可以是人很差勁但治國有方的領導者呢？

你覺得人性是本善還是本惡呢？說說你的想法。

28 狡詐如狐狸，驍勇如獅子：馬基維里

Machiavellian 的中文是馬基維里主義者，這個詞來自於文藝復興作家尼古拉・馬基維里 (Niccolò Machiavelli)。指的是一種為達目的不擇手段，無視情感與道義，善於操縱他人的黑暗人格。

馬基維里沒這麼壞，這個詞也不是形容「他」，而是形容他推崇的「君主」。中文讀者可以想像，馬基維里是欣賞「曹操」這類梟雄的人，認為抱持著現實主義，狡獪冷酷的強者才是稱職的統治者。

馬基維里是義大利人，他生於亂世，也曾當官，清楚政治世界的可怕。雖然他寫了不少書，但大家對他的印象都集中在《君王論》這本書，我們也把重點放這兒。這本書認為君王的首要任務是保有權力，權力是一切合法性的來源，政治就是權力的爭奪。

最終而言，爭奪權力需要武力的支持。馬基維里說他從歷史中得到的結論是「**沒有武器的先知都倒下了**」，所以組織武力以保持權力乃是君王本務。而且，統治者在爭奪或維持權力的過程中，應該將一切倫理道德置之度外，為達目的不擇手段。

馬基維里並沒有純粹否定倫理道德。正直誠實不是壞事，但君王絕不能為了做好事而失去權力，這是本末倒置。如果有人不是君王卻做壞事，或君王只是為了欲望行惡，這也只是純粹的惡。馬基維里沒有顛倒價值，只是倫理道德在思考權力問題時絕對是「次要」的。

「**他應該外表擁有它們**」，表面上當當好人還是好的，可以做做外交。但君王考量該做什麼的時候唯一參考的理由就是「結果」，根據理性參考歷史推論出的結果。如果違背道德能得到好的結果，沒有理由

不做。如果服從道德將導向滅亡，千萬別動。馬基維里是個極端的「現實主義」者。

考慮結果時還需格外小心人類本性。馬基維里認為人性本惡，人完全不可信賴。**「當可能性還很遙遠的時候，他們宣誓為你流血，奉獻財產，可是到了需要即將來臨時，他們就背棄你了。」**只有恐懼跟貪婪能起作用。別相信任何人，君王只能信任媚俗的獎賞與殘酷的刑罰。

統治者可以小氣、殘酷、背信忘義，只要結果是國家的長治久安。可是「背信」的國王怎麼會有人相信呢？馬基維里說，再怎麼背信忘義的人還是有人會相信，因為人信任他人的動機其實不是理性，而是欲望，騙子永遠找得到願意相信的人，因為這些人「想要」相信他說的話。對照社會現實，真是太精闢了。

馬基維里認為理想君王應該**「狡詐如狐狸，驍勇如獅子」**，有謀無勇無法直接面對衝突，有勇無謀無法防備計謀。他的雙眼緊盯著現實，手中永遠握著利劍，這才足以負起君王重任。

馬基維里這種現實主義的調調很容易惹人非議。大家很容易覺得崇拜黑暗人格的人一定不是好人，但這是合理的推論嗎？還是只是簡單的聯想呢？在現實世界中相信人其實永遠都有風險，也許這就是接受馬基維里最好的理由。

曹操是壞人嗎？再細一點問，曹操是壞君王嗎？還是是個好君王呢？他是真英雄還是只是得勢的小人呢？放對了位置的壞人會不會變成好人，放錯了位置的好人會不會變成壞人呢？雖然驚世駭俗，我想馬基維里一定會有人喜歡的。❷⑧

---

❷⑧　柯（三）457–470，羅（下）17–27，梯269–270，傅80–85，鄔359。

讀後小測驗

1. 作者提到，馬基維里推崇的形象最接近三國哪一個人物？

 A.呂布 B.劉備 C.諸葛亮 D.曹操

2. 馬基維里認為權力搶奪最終而言需要什麼的支持？

 A.金錢的支持 B.粉絲的支持 C.武力的支持 D.教會的支持

3. 考量該做什麼時唯一值得參考的就是？

 A.結果 B.道德 C.神 D.人民

4. 馬基維里認為唯有什麼能有效控制人類？

 A.正義與慈愛 B.法律與科學 C.貪婪與恐懼 D.信仰與道德

5. 馬基維里認為人性本惡，只有恐懼跟貪婪可以引導人類，這一點你同意嗎？還是你覺得連這兩者也不行呢？

你有聽過「烏托邦」嗎？你心目中的烏托邦是什麼樣子的？

對你而言，是物質的充裕還是精神的富足比較重要呢？

你覺得臺灣如果施行共產制度會變得如何？說說你的看法。

29 共產主義的烏托邦：多瑪士·摩爾

　　不知道各位聽到「共產主義」第一個想到的是不是馬克思？馬克思是十九世紀的德國人，但共產主義的出生比馬克思早很多，多瑪士·摩爾 (Thomas Moore) 是十六世紀的英國人，他早已構思出美好的共產世界。

　　摩爾年輕時是律師，後來從政，當到英國大法官，因為不同意英王的國教政策，被以叛國罪斬首。他以《烏托邦》這本書聞名於世，後來人們也用「烏托邦」來指任何理想的國家。《烏托邦》是本對話體小說，描述一個虛構的島國，是一個民主制的共產國家。

　　共產的烏托邦沒有金錢，也沒有被人獨佔的私有財產，所有的一切既出於所有人，也屬於所有人。所有人共享食物、衣服、房屋、工具，乃至於勞動成果。烏托邦所有人不論身分每日一律工作六小時，生產目標以生活必需品為主，這裡不流行奢侈無用的東西，也沒有無用之人。摩爾諷刺英國當時有一大批不用工作的貴族或教士，這些人又愛好奢侈無用之物，以致於生產力不足。

　　也因為烏托邦房子樣式一樣，衣服極度簡樸，飲食永遠與人共享，人們不會去追求物質享受的奢華，反而推崇品德、友誼、博愛，或追求閱讀、音樂或創作之類的精神生活。這些也帶給人們更長遠平靜滿足。

　　沒有金錢，自然沒有與金錢相關的犯罪。沒有竊盜、搶劫、忌妒、詐騙、背信這些在每一時代的每一天都在重複的可怕犯罪。犯罪是人類社會最大的痛苦，摩爾強調雖然讓財富平均可以減輕痛苦，卻無法

解決病根，好像你把甲處病治好，病又轉移到乙處，棄絕金錢才能回復健康。

烏托邦還是個宗教寬容的國家，人民可以崇拜不同的神明，包括無神論，但即使無神論者也對創造天地的神明抱持敬意。烏托邦所有公民不分男女一律平等，是有議會也有選舉的民主國家。「共產主義」是一種經濟制度，「民主」是一種組織政府的方式，兩者其實是可以相容的。

最後，烏托邦存在的目的也很理想化。當時英王領導的英國之所以存在，為了集中力量，發動戰爭，追求王國的榮耀。但烏托邦的存在是為了每一個國民的精神自由，國家是為了國民的幸福而存在。

這些描述或許過於理想，不夠現實，但理想本來就是為了指引現實方向。如果拋去人們追求的理想不論，只會更無法理解人類。今日世界貧富差距帶來的痛苦，更甚於過去，而人們的確也正往財富平均的夢想努力。

對比於前一篇，馬基維里是純粹的現實主義者，多瑪士‧摩爾則是相反的理想主義者。完全對立的兩種想法卻都是哲學，這也是哲學最有趣的地方。 ❷⓽

---

❷⓽　柯（三）470–473，羅（下）36–40，傅80–85，鄔360。

讀後小測驗

1.用一個簡單的語詞描述摩爾的烏托邦會是？

A.民族主義　　　　B.極權主義　　　　C.共產主義　　　　D.封建主義

2.以下哪一個是烏托邦的特質？

A.所有人都需要工作　　　　　　B.所有人都不需要工作

C.所有人都不能玩遊戲　　　　　D.沒有人是奴隸

3.以下哪一個「不是」烏托邦的特質？

A.宗教寬容　　　B.男女平等　　　C.沒有金錢　　　D.財富平均

4.烏托邦這個國家存在的目的是為了？

A.國家的強大　　　B.國民的自由　　　C.神的榮耀　　　D.祖先的傳統

5.你覺得沒有金錢就等於沒有犯罪嗎？或者說如果沒有金錢糾紛，人

類的犯罪會降到現在的幾分之幾呢？

你覺得思考也有方法嗎？那會是什麼？

如果思考也有方法，你覺得會不會反而有所侷限？

你覺得不斷追求進步是好還是不好？

會不會讓人感覺有點累呢？

30 連方法都要合理：近代哲學簡介

　　思想旅行來到十七世紀，風景開始變得熟悉，我們今日的思考習慣大多從這個時代開始出現。哲學進入「近代」或「現代」時期，兩個詞都有人用，本書主要使用「近代」。近代的思考風格是愛好知識，相信個人身上的理智，追求進步。

　　舉個例子，古代造大砲是由手藝精湛的工匠以砂土堆出模子，灌入燒熔的金屬，等金屬冷卻後把砂模敲掉完工。這方法我第一次聽就感覺怪怪的，這也太浪費了吧？那個模子只使用了一次就敲掉，未免可惜。萬一模子剛好是完美的呢？古人專注在大砲本身的完美上，認為這就是代價，現代人卻反過來要求連生產過程都要合理，設法做出能重複使用的模子。

　　如果把大砲想成是「知識」，古人要求合理的知識，但對製造方法興趣不高，現代人卻是連獲得知識的「方法」也要求合理。近代哲學的開始是由一群方法論者，如培根、笛卡兒等領軍，就是因為這時代對合理性的要求已經檢討到產生知識的機制本身了。

　　中世紀獲得知識的主要方式是神的恩典，但是當教會的神聖開始掉漆時，方法當然也靠不住。不過近代哲學對方法的愛好除了與教會對立，也與基督教以前的古代世界不同，那時人們還是比較尚古的，喜歡訴諸權威。祖先或傳統的信條到了近代一樣會被直接挑戰質疑。

　　這也是近代哲學另一個特色：「個人主義」。近代以前，單獨的個人被認為歸屬於某個傳統、文化或世界，沒有歸屬，個人想法幾乎沒有意義。近代哲學的知識分子以個人的身分去挑戰傳統、認識世界、

追求權利，個人成了知識與價值的中心。這是個拋棄傳統、歌頌個人創造的新時代。

十七世紀的特色是愛好知識，講求方法，推崇個人精神。在理性的思考習慣慢慢普及之後，十八世紀出現像啟蒙運動或工業革命這類大型浪潮。自認全面理性的思想者，感受到環境氛圍的不同，開始標榜「進步」。「進步」與「尚古」相反，認為過去是非理性的、落後的、可悲的，現在才是理性的、先進的、可羨的。古代人千年如一日，肉體勞動卻沒有精神壓力，但今日「進步」是整個時代、社會乃至於每個人都要不斷追求的事業。

到了十九世紀，故事又開始變化，生產知識的工具擺出喧賓奪主的架式。以前是從工具的合理性來保證想法的正確，後來卻慢慢變成只要是由某種工具產生的結果就一定是對的，內容反而無所謂。十九世紀以後越來越趨向於只保留工具式理性，對真正的美好不聞不問。

而後每個人都會被捲入這場故事，這就是等著各位的下一個時代。我們先介紹一些十七到十八世紀的重要哲學家或哲學傳統，等十九世紀時再另起通論。 ㉚

㉚　柯（四）3–59，牛147–149，羅（下）3–7，梯281–285，傅167，鄔345–346。

讀後小測驗

1. 近代哲學的思考風格是愛好？

   A.信仰　　　　　B.道德　　　　　C.異世界轉生　　　D.知識

2. 近代哲學的開始是由一群什麼樣的哲學家領軍？

   A.方法論者　　　B.倫理學家　　　C.神學家　　　　　D.可愛的小朋友

3. 在啟蒙運動或工業革命之後又開始出現什麼樣的概念？

   A.神聖　　　　　B.正義　　　　　C.進步　　　　　　D.循環

4. 十九世紀以後越來越趨向於只保留哪一種理性？

   A.目的性的理性　B.工具式的理性　C.天啟的理性　　　D.價值的理性

5. 你覺得追求「好」，跟追求「進步」是一樣的嗎？有沒有可能有好的
   生活，卻是不進步的？或者說有沒有可能有進步的生活，卻是不好
   的？

你覺得是地球繞太陽轉，還是太陽繞地球轉呢？你怎麼知道的？

你有看過星星嗎？你有發現星星也會移動嗎？

是星星在動還是你自己在動？

你聽過哥白尼、克卜勒、伽利略嗎？他們做了什麼呢？

宇宙是神用數學寫下的詩篇：天文學革命

　　如果科學只是眼見為憑，那太陽繞地球的說法每天都能印證。然而，近代天文學革命卻是從「否定」眼見為憑開始。

　　天文學革命以前，歐洲人普遍接受托勒密 (Ptolemy) 的天文學：地球是宇宙的中心，天體沿圓形軌道繞著地球轉。然而與地球一起繞太陽的行星，軌道卻彎來彎去，忽前忽後。為了解釋這個現象，托勒密假定行星繞著一個繞著地球的點轉。這種假定叫「周轉圓」，沒有周轉圓便無法解釋行星亂入。

　　這種天文學也與當時基督教的世界觀相契合。但隨著觀測技術的進步，行星軌道越來越歪七扭八，人們不斷在周轉圓上再加一層周轉圓來勉強解釋。觀測的進步反而顯示了理論的不準確，資料起了反對理論的力量，這就是哥白尼之前的天文學。

　　哥白尼 (Nicolaus Copernicus) 提出了「日心說」，他主張地球與所有行星都繞著太陽轉，用以解釋行星亂入的現象。日心說也主張晝夜與其他繞地天體的運動是由地球自轉所造成的，光說地球繞太陽是無法解釋繞地天體的軌道的。

　　哥白尼認為以太陽為中心時的解釋更簡單，也更準確。儘管也有人幫哥白尼解釋，說日心說只是計算軌道的方法，並非天體實際運動的樣子，但教廷還是宣告他的書為禁書。新教的馬丁・路德與加爾文聽到日心說，也只以不合《聖經》批評之。

　　克卜勒 (Johannes Kepler) 是德國的天文學家，他透過累積大量觀測，發現了具有高度數學結構的行星三大運動定律。克卜勒贊同日心

說，但修正了行星軌道為橢圓形與運動速度等細節部分。

行星三大運動定律與今日科學的定律已經高度相似，定律把可觀測的現象數學化，再透過預測驗證或修正定律。但這些科學研究並不妨礙克卜勒相信神的存在，這時代科學家研究自然需要花費許多心思，反而更容易相信世界是由充滿智慧的神所創造。

伽利略 (Galileo Galilei) 是力學開山祖師，又被稱為「近代科學之父」。他發現了慣性定律，發明了溫度計，改良了望遠鏡，以發現木星的衛星聞名。在他手裡，科學不只能認識自然，還能從理論設計出新的工具。

伽利略對科學的看法又更清楚了，他不只是發現定律，還斷言：**「自然之書是神用數學寫成的。」**他相信宇宙是一本神用數學寫下的詩篇—凡能度量的，我們就能認識；不能度量的，人就不能認識。

亞里斯多德想解釋的是物體「為什麼」落下，但對物體「如何」落下沒有太大興趣。但伽利略有興趣的是如何以數學精確描述物體落下的過程，而不去解釋「為什麼」。他似乎認為「為什麼」是神的奧祕，科學只能認識能用數學測量的部分。這一步改變了科學的命運，科學開始與數學為盟，從量的變化解讀宇宙之詩。

伽利略還利用自由落體公式改良大砲的精準，以發明證明自己的價值。他身上集滿所有科學家該有的氣質，也因此以數學與資料為心臟、以觀測工具為耳目、以科技應用為手腳的科學，終於誕生在人間。**㉛**

㉛ 羅（下）43–54，傅 174–176，鄔 361–363。

讀後小測驗

1. 天文學革命以前，歐洲人普遍接受誰的天文學？

    A.托勒庫   B.托勒密   C.波特密   D.哥白尼

2. 哥白尼認為太陽為中心時的好處是？

    A.這種解釋比較簡單   B.這種解釋比較複雜

    C.這種解釋比較靈活   D.這種解釋比較符合《聖經》

3. 伽利略把宇宙想像成一本神用什麼寫下的書？

    A.文字   B.《聖經》   C.耶穌   D.數學

4. 以下對伽利略與亞里斯多德的描述何者是正確的？

    A.亞里斯多德與伽利略都只關心物體「為什麼」落下的問題

    B.亞里斯多德與伽利略都只關心物體「如何」落下的問題

    C.亞里斯多德想解釋物體「如何」落下，伽利略想解釋物體「為什麼」落下

    D.亞里斯多德想解釋物體「為什麼」落下，伽利略想解釋物體「如何」落下

5. 在當時日心說並不符合常識的觀察，後來卻被發現是正確的科學理論。想想看，有哪些你知道的想法是正確的，卻是不符合常識的？

    _____

    _____

    _____

你贊同「知識就是力量」嗎？說說看你的想法。

你覺得人文社會科學也算是知識嗎？

還是只有自然科學能夠算是知識呢？

你認為知識一定要有用嗎？可不可以有無用的知識？

32 知識就是力量：培根（上）

「知識就是力量」 這句名言出自於法蘭西斯・培根 (Francis Bacon)，曾當到英國大法官的哲學家。培根早年活躍於政治界，晚年被捲入政治鬥爭，被控收賄後失去了官位。此後培根專心著書提倡科學，但科學沒給他帶來好運，他在做實驗時染病而死。

培根是標準的近代哲學家，他歌頌知識，宣揚知識力量無窮。他強調知識必須「有用」，在古代或中世紀講到知識，與其說它「有用」，倒不如說它有「好處」，舉個例子，健康對人有「好處」，但對搬家工人有直接的「用處」。

也許是受到羅盤、火藥、造紙這類全新技術的衝擊，培根像工程師一樣思考，認為真正的知識必定要有用。知識的目的是增加對自然的統治力，自然科學才算知識。他說人文學研究像蜘蛛吐絲，織的網雖美卻脆弱無用。的確，對人的了解再多，也無法像自然科學一般預測與控制人類。政治界特別是如此，培根的反感也許來自於對自己遭遇的憤恨。

培根特別強調對自然界的認識來自於實驗與觀察，而非古人的智慧。這可能是因為當時人們還援引古籍來解釋自然，對培根而言這是本末倒置。要認識自然應該直接觀察自然，善用「歸納法」。所謂「歸納法」是從重複的事件中找出規律的推理，我們知道明天太陽依舊東升，哪些東西能吃、哪些不能，媽媽在什麼樣情況下會大怒，都是歸納來的規律。歸納法是發現「規律」的推理。

與歸納相反的推理叫「演繹法」。演繹法從規律推理出單一事件，

例如，從「純金能抗硫酸腐蝕」可以推出你新買的純金戒指也能抗硫酸。如果它真的被腐蝕了，你應該是被賣金飾的老闆騙了。演繹法與歸納法都是人自然的推理能力，人天生都會，也不會特別取名字。

培根批評演繹法，認為只有歸納法才能得到知識，其實是沒什麼道理的，這兩者都是人自然的推理能力，都能幫人得到知識。他只是想突顯歸納法有發現新規律，突破舊時代的力量。知識不來自於權威，不來自於天才，而來自於持續的觀察、實驗跟歸納。人類只要細心使用歸納法，推理過程不該太匆忙，應該要綁鉛錘而不是長翅膀，仔細分辨各種條件，謹慎總結，最後定能發現可靠的規律。這既是真知識，也是新知識。

把科學知識與傳統權威分開來是培根最重要的貢獻。宗教改革領袖馬丁‧路德批評教廷權威，認為信仰是「個人」的事。培根則像是知識版本的宗教改革，批評知識的權威，讓知識能被「個人」發現。近代以後，知識被認為是由不偏不倚的個人研究所獲得，直到今天都還是如此。❸❷

---

❸❷　柯（三）429-453，威92-181，牛33-43，批（上）381-408，羅（下）61-66，梯286-295，傳177-179，鄒363-364。

讀後小測驗

1.培根喜歡強調「知識」必須要？

   A.是真理　　　　B.有好處　　　　C.有用處　　　　D.不會變

2.「知識就是力量」這話中的知識是種？

   A.了解人心，知人善任的力量　　　B.改變世界，統治自然的力量

   C.操縱怪獸的力量　　　　　　　　D.神聖的超自然力量

3.培根認為對自然的實驗與觀察也不只是「看」，而是要善用？

   A.歸納法　　　　B.思考法　　　　C.演繹法　　　　D.先搶先贏法

4.以下何者不是培根提到增加知識的方法？

   A.觀察　　　　　B.沉思　　　　　C.歸納　　　　　D.實驗

5.培根認為知識唯一的目的是統治自然，你認為這樣說正確嗎？有沒有可能有漏洞呢？

當你發現大家都相信大象會飛，
甚至有人說他看過，你會跟著相信嗎？
你覺得醫生說的話就都是對的嗎？有沒有可能醫生也說錯？
想想看，我們可以透過什麼方式訓練自己的思考力？

33 真理是時間的女兒：培根（下）

近代哲學喜歡強調「方法」。描述「方法」可以從正面說，例如「你應該如何如何」；也可以從反面說「你不該如何如何」。兩種說法對如何做好一件事都相當重要。

若論到認識自然的方法，培根認為人如果想得到真理，只能小心翼翼地使用歸納法，不可能一勞永逸或一步登天。這是偏向正面的說法。從反面來說，培根提出了「四偶像說」，偶像是「假神」的意思，意思是讓人誤入歧途的陷阱。他列出四種常見的思考陷阱，提醒人避開它們。

第一位是「種族偶像」，這是人類因本性易犯的錯誤。比方說人很容易相信對自己有好處的事情，過分相信記憶或感覺，但這些是很靠不住的。其實生而為人，這類錯誤在所難免，人只能保持警覺，願意承認錯誤並修正。

第二位是「洞穴偶像」，意指人因環境限制養成的壞習慣。例如過分信賴過去的經驗，認定各領域都跟自己擅長的一樣，像井底之蛙拒絕接受新知。其實人生在世，不可能不靠自己的經驗判斷，只是必須小心經驗並非永遠可靠，若發現不對，也該勇於接受新知。

第三位是「市場偶像」，是因「語言」而來的誤信。例如因為市場上人人都如此說，便信以為真。另外一種是因語文而來的過分想像，例如因為有「絕對」一詞而把某件事或人想像成特別厲害，或受到誇張廣告詞的迷惑，就是輕信了語言的幻象。

第四位是「劇場偶像」，在一方面是指許多哲學家不關注事實，虛

構如劇場般的理論世界，自以為聰明。另一方面，也可以指跟隨者因過分崇拜權威而失去理智。

其實這四種來源也並非一定錯誤，只是要保持清醒謹慎應對。培根認為人類將來能以科學創造出的工具改變自然，超越過去。他對自然科學的信心遠超過當時的人們，他相信不久就會有飛上天的船，有千萬條天上的航道。英文古諺：「**真理是時間的女兒**」，科學知識的確改變了世界，現代人享受著科技帶來的舒適與健康，這就是培根預言的時代。

十六世紀的培根已經對科學的意義有深刻的見解，但也有不擅長的地方。培根想像的歸納法過於樂觀，也不太了解數學或科學天賦這種東西。他不相信哥白尼的天文學，不欣賞發現循環系統的醫生哈維，自己沒有提出有價值的科學理論。科學女神青睞的反而是那些實用動機沒這麼強烈的科學家，又是「欲速則不達」的案例。

然而，作為中世紀的批評者與科學烏托邦的宣傳者他都是很成功的。光這兩點，就足以使他成為一個哲學家。 ㉝

㉝ 柯（三）429–453，威 92–181，牛 33–43，批（上）381–408，羅（下）61–66，梯 286–295，傅 177–179，鄔 363–364。

讀後小測驗

1. 在認識自然這件事情上，培根認為人如果要得到真理，必須？

    A.尋找神的協助　　　　　　B.尋找一勞永逸的方法

    C.絕對不能使用歸納法　　　D.不斷使用歸納法

2. 以下哪一個「不是」培根所説的「種族偶像」？

    A.相信對自己有好處的事情　　B.過分相信自己的記憶

    C.人人都如此説，便信以為真　　D.過分相信自己的記憶或感覺

3. 以下哪一個「是」培根所説的「洞穴偶像」？

    A.相信對自己有好處的事情

    B.認定自己過去經驗可以用在一切事物上

    C.人人都如此説，便信以為真

    D.因過分崇拜鄧不利多而迷失

4. 培根對科學的目的有深刻的見解，卻也提到他對哪些不太擅長？

    A.提出實際的科學理論　　　B.作為科學烏托邦的宣傳者

    C.對中世紀傳統的批評者　　D.抵抗國王權力的傳教士

5. 你的生活周遭有任何犯了四偶像錯誤的例子嗎？試簡述之。

你覺得人類為什麼要建立國家？有什麼特別的理由呢？

你認為統治者的任務是什麼呢？

說說看，在你日常生活中，有什麼公權力展現的例子？

34 人手創造的凡間神明：霍布斯（上）

　　不知道大家有沒有集體創作的經驗。想像人們一起創造出水車、村莊、城牆乃至於城市。但你能想像人們一起創造出「神明」嗎？這怎麼可能呢？英國哲學家霍布斯 (Thomas Hobbes) 的《巨靈論》旨在說明人們如何親手創造出一位神明。

　　霍布斯稱「國家」為「**人手創造的凡間神明**」。這不只是修辭，因為國家能制定法律、賞善罰惡、組織人民，這些都是神明才能作的事。說到「創造」，就代表霍布斯不相信國家源於超自然力量。古人不了解什麼是國家，便用宗教神話來解釋國家的起源。霍布斯不想像任何超自然力量，只憑常識與推理來解釋什麼是國家。

　　霍布斯想像世界上一開始沒有國家，只有許多「個人」：他還假設了所有人大致上平等，有人腦力較強，有人體力過人，有人身手敏捷，但每個人也各有些不足之處。佔有欲也是與生俱來的，每個人都隱約相信自己應該佔有一切，這導致了衝突，人與人陷入了戰爭──戰爭不單指打鬥，而是泛指以除掉對手為目的的緊張生活。你可能設法阻斷對方水源，也要防備他來破壞你的田地。

　　有人認為這種戰爭將讓強者占優勢，但霍布斯認為沒有人能在這種戰爭中占絕對優勢。因為牽連的人太多、範圍太廣、時間太久，偶發事件與卑鄙的手段讓強者不可能永遠優勢──體力強的人可能會中暗算；善算計者無法抵抗直接的暴力；智勇雙全者會被忌妒者聯手害死。「**每個人的生活都因為戰爭而是孤獨、貧窮、汙穢、野蠻、短暫的。**」

　　這樣下去不是辦法，為了生存，理性尋求協議停止戰爭。人們必須放棄佔有一切的念頭，簽訂互不侵犯契約，才能獲得基本安全的保障。理性也發現光有條款並沒有用，必須有人強迫大家遵守，為此人們創造了「公權力」：一種懲罰不守規矩者的強制力，公權力是國家的靈魂。

　　國家既非出於神，也非出於戰爭，反而是為了避免永無止境的戰爭。人們簽約放棄部分權力，賦予某個人執行法律與監督眾人的權力，這就是「君王」。**「創造法律的不是智慧，而是權力。」**國家常以武力為後盾，武力才能真正保證權力。

　　霍布斯推崇君王制。他認為君王的利益與國家一致，統治國家的君王必須讓國家富強，才能提高自己在世界上的地位。在有任期的「共和制」裡，統治者的利益反而是名下的財產，這些人掌權時間雖短，但在任期間更容易貪汙營私。

　　有人批評霍布斯主張君王權力至高無上，等於為專制政體背書。但冷靜想想，既然君王就是公權力，當他將私意行於臣民，也等於在自我否定，霍布斯不認為這是合理的。另外，霍布斯認為國民該無條件遵守法律，這也是因為恐懼彼此，害怕回到混亂的戰爭狀態，而不是害怕政府或君王。霍布斯主張國家以公權力為中心，不等於主張任何極權作為都是正當的。

　　霍布斯對政府的存在提出了一種理性的、自然的解釋，後起的哲學家們也紛紛檢討政府的意義，現代政府的概念慢慢出現。❸❹

---

❸❹　柯（五）1–69，牛 33–43，批（上）415–456，羅（下）66–79，梯 295–304，傳 180–182，鄔 394–397。

讀後小測驗

1.霍布斯稱「人親手創造的凡間神明」其實是？

　　A.海綿寶寶　　　B.知識　　　　C.基督教　　　　D.國家

2.霍布斯認為在原始生存的戰爭中，最後獲勝者是？

　　A.沒有人能獲勝　B.章魚哥能獲勝　C.強壯者能獲勝　D.聰明者能獲勝

3.霍布斯最後解決生存戰爭的方法是？

　　A.用宗教來勸人向善　　　　　　B.用道德來改變人心

　　C.簽訂互不侵犯契約　　　　　　D.舉辦武鬥大會

4.霍布斯認為國家的靈魂是？

　　A.君王的家族　　B.軍隊　　　　C.公權力　　　　D.財富

5.你覺得「人類組織」一定會牽涉到「權力」嗎？為什麼呢？

　　如果要你嘗試說明「思考」的意思，你會如何說明呢？

　　你覺得「自由」是什麼呢？試著說說看你認為的「自由」。

　　如果你的行動可以被百分百預測，那你認為你具有自由嗎？

並非每個看似有意思的詞都真的有意思：霍布斯（下）

伽利略認為自然是一本用數學寫成的書，一切都能用數學描述，掌握計算就可以預測未來。在古代預測未來是神廟最重要的職事。在現代，自然科學取代了神廟，向人們宣告未來之事。

霍布斯的基本看法也是如此。他推崇數學，認為數學是思考的典範，「思考」就是「計算」。人生在世就是面對未來，如果掌握計算就能預測未來，還有什麼比這更夠格作為思考的呢？

能計算之物必須能被測量，物體可以被測量沒問題，但「靈魂」呢？霍布斯擺出當時少見的唯物主義姿態，他認為真正存在的只有物體，非物質的靈魂不存在。像「靈魂」或「非物質實體」這些詞，其實是沒有任何意思的空話。

許多哲學家習慣性地使用「靈魂」這個字，但沒有認真檢討過話語的意思從何而來。霍布斯是「唯名論」者──主張與可感覺的個體相關的詞才具有意思。畢竟，人類語言是後天學會的，語詞的意思應該來自於現實可感的世界。

像「人」或「石頭」意指可見事物的詞當然是有意思的，可是像「思想」這類抽象的名詞常是意指其他話的手段。說「某個人有思想」這話並不在描述我看見了他的思想，而是說「他的行動是可理解的」或「我欣賞他」。許多看似抽象的說法其實只是具體說法的換句話說。

「人有靈魂」或「人的靈魂」說的只是我們能了解或預測人的行為，而不是真能看見些什麼。人必須明辨話語的意思，並非每個看似有意思的詞都有意思。

　　但如果沒有靈魂，為何人能夠思考呢？霍布斯認為用感覺與欲望組合一樣能解釋思考，感覺跟欲望是人身體部分的物質運動。稱這些為「思考」並不會同時創造出非物質的靈魂來。

　　人只能認識可以被計算跟預測的物質運動。但假如一切物質變化都可以用數學計算（雖然霍布斯時代沒有這類知識，我們可以假想未來有），連我現在或下一步的行動都可以預測。這樣的人類還有「自由」可言嗎？這對當時充滿基督教色彩的世界是很大的挑戰。

　　聰明的霍布斯又點出「自由」的意思可能被誤解了。所謂「自由」是指個體不被自己以外的力量限制，例如沒有人架著你或關住你。但如果沒有外力干擾，人能依自己內在力量行動，不管能否預測，人都是自由的。若某人因環境影響染上惡習，只要沒有人強迫他犯罪，他仍是出於自由犯罪，自由是出於自己的力量行動。

　　若有人認為自由是「絕對的自由」——人要不被任何力量影響，要進行不可預測的選擇才叫自由，霍布斯認為這類想像也是可疑的。像「絕對的自由」、「非物質實體」、「永恆的現在」，這些詞都跟「圓的方形」一樣沒有意義，有些人會對自己覆誦這些詞，事實上對詞意一點也不了解。

　　霍布斯的極端立場僅供參考，並不代表這些想法一定是對的。但他指出「並非每個看似有意思的詞都有意思」，似乎是值得思考的建言。我們也可以想想看，搞不好我們很愛用的詞，比如說「真理」、「運氣」、「人性」甚至是「哲學」這些詞，根本沒有意思。❸❺

---

❸❺　柯（五）1–69，牛33–43，批（上）415–456，羅（下）66–79，梯295–304，
　　傅180–182，鄔394–397。

讀後小測驗

1. 霍布斯認為思考就是？

   A.睡覺　　　　　B.認識自己　　　C.抽象　　　　D.計算

2. 霍布斯對語詞的意義持「唯名論」的主張，他認為？

   A.每個語詞都一定有意義　　　B.與感覺有關的語詞才有意義

   C.與感覺有關的語詞沒有意義　D.與神有關的詞才有意義

3. 霍布斯認為「自由」真正的意思是？

   A.個體有各種不同的可能性　　B.個體能免於任何力量的驅使

   C.個體不被自己以外的力量所限制　D.個體能隨心所欲，心想事成

4. 像「自由的主體」、「非物質實體」、「永恆的現在」，霍布斯認為這些詞？

   A.必須要神祕體驗才能理解其意

   B.必須要學過哲學才能理解其意

   C.看似沒有意思，但實際上意義豐富

   D.看似有意思，但實際上一點意思也沒有

5. 霍布斯認為並非每個看似有意思的詞都有意思，你同意嗎？你能舉出例子嗎？你覺得什麼叫「有意思」呢？

你怎麼知道你現在不是在作夢呢？說說看你怎麼證明的。

你覺得有沒有一個知識是無法被推翻的？那會是什麼？

你有聽過「我思故我在」嗎？你能夠解釋看看嗎？

36 我思故我在：笛卡兒（上）

如果你有個朋友，說自己是軍武專家，開始說著 F-16 的每件事，而且有問必答、鉅細靡遺，連 F-16 用了幾顆螺絲都數得出來。但好奇的你問他坦克、軍艦或其他飛機，他都一無所知。這樣還可以稱為「軍武專家」嗎？

笛卡兒 (René Descartes) 是傑出的數學家、哲學家、科學家。他是法國人，成年後大多待在荷蘭；他曾參加戰爭，但大多時間都在寫作；他受瑞典女王邀請進宮講學，一年後病逝；笛卡兒不是大學老師，但他清新的文字構築了一趟迷人的思想探險，至今仍影響著世界。

笛卡兒與培根類似，他們一面解釋什麼是知識，強調知識的重要，一面說明獲得知識的方法。跟培根一樣，他也強調人云亦云與崇拜權威不能算是知識。他認為知識是對「確定性」的追求，知識是人在思考之後確定無誤的想法。知識來自於思考，來自於反省、批判、檢驗，人不經思考是不會具有知識的。

由思考所生的知識具有「系統性」，絕不會只是零碎、片面的資訊。強調知識的系統性是笛卡兒哲學的特色。要成為軍武專家，不能只會答 F-16 的細節，反而應該倒過來——他應該知道軍武分幾大類、每個大類大致上如何，再進入細節。

笛卡兒眼中的知識是個相互關聯的系統，不同想法相互支持，有些是原理，有些是細節。他把知識比擬為一棵樹，學科是樹的不同部分：樹根是形上學；樹幹是物理學；枝葉是應用科學，如醫學、倫理學、力學等等。枝葉雖然會結出果子，但樹根與樹幹才能提供養分。

笛卡兒強調知識之樹的根是「我存在」。有些人說人類只要一認真思考，就會發現其實自己什麼也不知道，笛卡兒深表不贊同。他說自己也曾冒險懷疑過一切。首先，笛卡兒點出人無法否認眼前所見可能是場夢境，畢竟，有些夢栩栩如生，真假難分。

接著，人也無法否認自以為無瑕的理性可能受惡魔欺騙，像瘋子不知道自己瘋了一樣。笛卡兒認為唯一無法懷疑的，就是作夢或發瘋的自己存在著，這即是他的名言：「**我思故我在。**」思考者絕不可能說正在思考的自己不存在，但同時又是正確的，思考者必定存在。人類以思考追求確定性這件事，絕不會是徒勞的。有了確定的根，其他事即便比這件事更不確定，也只有程度上的差別，不至於什麼都不知道了。

笛卡兒又說，人即使沒見過完美之物，心中卻都有「完美的概念」。完美概念的原因不可能是不完美的事物，由此反推作為此概念的原因，必定有一完美的神存在。既然有完美的神存在，因此神必定不會欺騙我，當我清醒時的感覺是不會錯的。

以上這一串推理並非絕對無瑕，因為唯一確定的「我存在」實在太簡單了，簡單到幾乎推不出任何知識，只好利用一些有爭議的原則。但重要的是笛卡兒示範了知識的系統性，這是一種以數學方法為模範的知識。我們可以不接受笛卡兒的系統，但最好能提出系統性的說法來抗衡，否則就只是不滿的牢騷罷了。

記得這個對「系統性」的愛好，下篇我們來看他思考中一個有趣的矛盾。 ❸

---

❸ 柯（四）72–185，牛 149–167，批（上）465–501，羅（下）79–92，梯 305–319，傅 183–189，鄔 367–373。

讀後小測驗

1.笛卡兒認為，知識是對什麼的追求？

    A.實用性　　　　B.娛樂性　　　　C.神聖性　　　　D.確定性

2.笛卡兒認為由思考所生的知識有什麼特性？

    A.實用性　　　　B.娛樂性　　　　C.神聖性　　　　D.系統性

3.笛卡兒所謂知識的「根」是？

    A.神存在　　　　B.我愛你　　　　C.真理存在　　　　D.我存在

4.笛卡兒的知識是以哪一個科目的方法為模範？

    A.數學　　　　B.生物學　　　　C.哲學　　　　D.神祕學

5.笛卡兒認為知識是經得起懷疑又有系統的想法，你覺得這個要求是

   很合理，還是很過分？

你覺得你可以舉起雙手，是因為你的心靈決定你要舉手，

還是你的身體下令運動呢？

想想看，心靈要怎麼與身體進行互動，構成一個完整的人呢？

你會不會覺得人同時有心靈與身體很矛盾？

還是說你認為可以並存？

37 人在心靈中思考，物在空間裡運動：笛卡兒（下）

笛卡兒身上除了追求知識的聰明與熱情，還有一種很複雜的矛盾。這種矛盾直到今日仍在許多人的想法中存在著。

即便今日，「心靈」與「物質」還常被設想為兩種完全不同，相互排斥的東西，這是自笛卡兒以來的思考習慣。古代世界對心與物的想像並不互斥，這是兩種特質，東西可以有不同程度的心與物，就像一個物體上可以有兩種不同顏色的色塊。

有主動決定的能力，像主人般的是心靈；被心靈操作或影響的是被動的物質。有純心靈，也有純物質，但不互相否定，心靈常被想像成半透明的物質，物體也被想像成能由心靈之力形成。「心」與「物」像是從「形容詞」轉化而成的「名詞」，像「圓形」既是形容詞也是數學中的「名詞」。

笛卡兒所謂「心靈」就是個理想化的「名詞」，它指的不是聰明才智之類的能力，而是人的「意識」，你現在的「意識」，是人把注意力轉向內時感受到的自我意識。自我意識有時間感，但不占任何空間，還帶著自由抉擇的能力，笛卡兒居然毫不懷疑這些點上我們會被惡魔欺騙。

相對於心靈，物質是占有空間，遵守物理定律的機械，絕無意識，全然被動，這也是當時科學的理想化設定。笛卡兒把「心靈」與「物質」兩個詞完全名詞化、理想化成了兩種截然不同，又相互排斥的「東西」。我們既無法想像占有空間的心靈，也無法想像帶有心靈的物質。**「人在心靈中思考，物在空間裡運動。」**

但考慮「人」的時候麻煩來了，人既有身體也有心靈。人舉手是物理運動，出於神經與肌肉施力。但人舉手也出於人的抉擇，出於人心。當這兩個詞都是形容詞時感覺沒那麼矛盾，但如果這是兩種不同又互斥的東西，我們不免想問，那舉手的原因到底是機械般的物理運動，還是心靈的自由抉擇呢？

面對這奇異的兩難，笛卡兒猜想自由的心靈與機械的身體會在大腦中的松果腺連結。但既然心靈不占空間，又怎麼跟特定位置有關？身體如果是機械，又如何接受心靈的力量？這說法不太有說服力。

笛卡兒這種矛盾情結在現代人身上都還存在著——我們一方面相信人是精密的機械，例如看醫生時，醫生將身體當作機械來檢查；另一方面又強調人絕對不等於機器，像打官司時，法官看重犯人的意志或悔意。

這個矛盾牽涉到我們從哪一種角度了解自己，當認真把「心靈」與「物質」當純粹的、具有排他性的名詞，我們設定了兩種特別的世界觀：一種把「我」看成世界中的「物」，另一種把「物」看成在「我」心中。笛卡兒想在自己的世界裡整併這兩種基本看法，卻不甚順利，陷入了既矛盾又確定的境地。

這兩個詞名詞化真的能幫我們了解世界嗎？這真的是認識世界的唯一方法嗎？讀者該自己下判斷了。**❸❼**

---

❸❼ 柯（四）72-185，牛149-167，批（上）465-501，羅（下）79-92，梯305-319，傅183-189，鄔367-373。

讀後小測驗

1.笛卡兒遇見了哪兩者的矛盾？

　A.知識與信仰　　B.心靈與物質　　C.先天與後天　　D.道德與科學

2.古代世界對於心與物的看法，下列何者錯誤？

　A.它們是絕對互斥，完全不相同的東西

　B.它們並不互斥，像是兩種特質

　C.心是主動的，物是被動的

　D.心靈常被想像成一種半透明的物質，物體則被想像為心靈之力形成的
　　東西

3.笛卡兒所謂「心靈」不太一樣。他指的是人的？

　A.智慧　　　　　B.幽默　　　　　C.透明性　　　　D.意識

4.笛卡兒遇到的衝突是？

　A.人到底是應該接受希臘哲學，還是接受基督教信仰？

　B.人到底是應該接受科學，還是接受哲學？

　C.人行為的動機到底是理性比較多，還是感性比較多？

　D.人舉手到底是出於物體運動的機械原因，還是出於心靈的選擇呢？

5.你相信人是自由的，還是人其實是沒有自由的機械？還是都是對的
　或錯的？說說看你的理由。

你曾覺得自己很渺小嗎？在什麼時候呢？

對你而言，追求知識有什麼意義呢？

我們能不能夠用理性判斷自己是否要相信神？說說看為什麼。

38 人是會思考的蘆葦：巴斯卡

　　如果把人生想像成旅行，有時會出現「轉向事件」，人原本朝著某個方向前進，卻意外改變了方向。這樣之前努力不全浪費了嗎？不過這種事件改變的往往不只是「方向」，還有「方式」。許多人在轉折後，會從跑步變成開車、從航海變成飛行，很快後來居上。

　　巴斯卡 (Blaise Pascal) 是天才數學家、哲學家和護教者，甚至還有人給他冠上「神祕主義者」的稱號。十六歲就寫出巴斯卡定理；他是機械計算機的設計者與製造者；也是數學中選擇理論的先驅；然而天妒英才，他竟然只活了三十九歲。

　　巴斯卡原本可以成為類似於笛卡兒的思想家，但他在 1654 年車禍意外後轉向成了天主教的護教者，反而對笛卡兒哲學抱著敵意。有句猶太諺語是：「**人們一思考，上帝就發笑。**」巴斯卡的哲學很接近這句話。他認為人，特別是哲學家，看不清自己的存在與理智十分有限，以為自己能認識萬物，甚至證明神的存在，十分可笑。

　　巴斯卡對科學不抱好感。他說：「**應該口誅筆伐那些為科學奉獻太多的人，像笛卡兒。**」他不相信科學能對世界有真正的認識。如他所說：「**我不認為一個人若只是幾何學家，那他跟能幹的工匠會有多大區別。**」他對哲學的評價更糟—他說「**嘲諷哲學就是真正的哲學**」。

　　如果追求知識沒有意義，那縱情享樂呢？答案一樣消極：「**如果我們的生命真正快樂，我們就用不著為了使自己快樂避免思考它。**」

　　知識跟享樂都被畫上了叉叉，巴斯卡有欣賞的事物嗎？確實是有的，他說：「**人只是蘆葦，自然中最脆弱的東西；但他是會思考的蘆葦。**」他欣賞人的「思考」，但思考在此不是指知識，而是指意識到自

己有限。人的可悲來自於他的渺小，可是一旦他真切意識到自己的渺小，這表示他認清了自己真實的處境，他有了萬物都沒有的自我認識的智慧，又因此而偉大。

認識自我之所以偉大，還因為這種認識能通向信仰。他說：「**人沒有神是可悲的。**」承認自己的不足後，認識神才能得到真正的智慧與幸福。我們不多談神學細節，不過他的「賭注論證」還是值得欣賞。「賭注論證」是關於信仰的論證，目的並非證明神的存在。而是在說：在大家都不知道有沒有神的狀況下，押注於「有神」比押注在「無神」上更划算。

巴斯卡的設想如下：若人只能在「信神」或「無神」兩種態度中擇一，而且神也只有「在」或「不在」兩種可能，那麼選擇「信神」顯然比「無神」更好。因為選信神的人，在神存在的情況下，可以進天堂享福；但假如神不存在，人死後就消失了，這種選錯也沒有真的損失。選無神的人在神不存在的情況下是正確的，但人死就沒了，這次選對也沒有獎賞；在神存在的情況下，則會因為不信神，而墮入地獄的永罰。

所以「賭（相信）有神」賺多賠少，明顯是更好的選擇。雖然這沒有考慮到其他宗教的可能，也認為人不可能「不賭」，甚至沒考慮神會不會因此生氣，但這種說法很有趣——這表示了，人即便在不確定的情況下，依然可以運用推理來估量選擇。

個人蠻喜歡「**思考的蘆葦**」的說法，因為這真是讓人感覺既渺小又偉大。巴斯卡對哲學的嘲諷也提供了更深刻的批判與反省，也因此是真正的哲學。 ㊳

㊳　柯（四）188–211，梯325，傅190–192，鄔376–377。

讀後小測驗

1.本文中提到巴斯卡的人生轉折是？

A.遇見了蠟筆小新 　　　　　B.失去所有的財產

C.被情人拋棄 　　　　　　　D.出了車禍意外

2.以下哪一個「不是」巴斯卡對學科的態度？

A.應該口誅筆伐那些為科學奉獻太多的人

B.知識就是力量

C.嘲諷哲學就是真正的哲學

D.不認為一個幾何學家與能幹的工匠有所區別

3.下列哪一個是巴斯卡對人類的形容？

A.思考的神　　　B.宇宙的總和　　　C.思考的蘆葦　　　D.世界的中心

4.透過「賭注論證」巴斯卡想說？

A.賭神不存在是理性的 　　　B.賭神存在是理性的

C.賭神存在又不存在是理性的 　　D.神是存在的

5.你覺得批評哲學也算是一種哲學嗎？如果是，那批評科學也算是一
種科學嗎？

你覺得宗教有沒有可能與政治有關？說說看你的想法。

古代統治者常常會認為自己能統治與神有關，

你覺得這是種迷信嗎？還是有特別的原因呢？

想想看，你生活中出現的宗教對於社會產生了什麼作用呢？

39 認識上帝，愛人如己：史賓諾莎（上）

　　「神」在西方是個既宗教又不宗教的概念。笛卡兒、培根與霍布斯都熱衷於科學知識，但是他們既不對神學表示出興趣，也不是無神論者。接受「神」好像成了近代知識分子應有的素養。這種對神的曖昧態度得由史賓諾莎來說清楚。

　　荷蘭猶太哲學家史賓諾莎 (Baruch Spinoza)，是以理性徹底批判神概念的佼佼者。史賓諾莎年輕時被猶太教會驅除，獨自過著寧靜清貧的生活。他淡泊名利，以磨鏡片維生，工作之餘寫作，玻璃粉末大大傷害了他的健康，死時只有四十四歲。

　　史賓諾莎出身於猶太教，猶太教說的是一位像人一樣的真神親自揀選猶太民族的故事。史賓諾莎一面批評猶太教充斥著精心設計的政治元素；另一方面說明「神」絕不可能像「人」，神真正的來源是人意識到自己是宇宙整體的一部分。

　　《神學政治論》是史賓諾莎對猶太教全面無情的批評。這本書認為猶太教起於迷信與偏見，猶太教認為自己是被神揀選的優越感只是一種幼稚的空想。在古代猶太人曾依《聖經》建立起國家，也就是西元前的以色列猶大王國，但都已經滅亡了。光這件事實就足以說明，以神的選民建立永恆之國，根本是空話。

　　除了強調敬畏神，猶太教義還包含了各種生活習俗，以及如何組織社會的法律，這些都是政治性的元素。猶太教到處充滿政治性的安排，《聖經》中先知戲劇性的生平，和對超自然神蹟的強調，並不會使人敬畏永恆的神，反而會使人憤怒、狂熱地認同猶太民族，投身於政

治運動。

《聖經》是以神的語氣組織群眾的文學作品。書中的歷史不只是記錄事實，更重要的是傳遞民族認同，讓人意識到自己的猶太血脈。崇拜神只是讓人因情感而接受猶太信仰，成為猶太民族的狂熱分子；信仰的目的是信徒的政治化。

這種以政治為目的的宗教，只要看清楚了，很明顯是一種迷信，但崇拜「文字」也一樣是迷信。史賓諾莎可能意有所指，基督新教也將《聖經》的「文字」視之為崇拜對象。

史賓諾莎並不反對《聖經》中潛藏著真正的、古老的神聖。這古老的神聖就是「**認識上帝，愛人如己**」這種洞悉萬物的智慧。這些智慧不專屬於特定的經典或宗教，在自以為特別的宗教中，偏見已經掩蓋了一切。要恢復宗教真正的精神，就必須向這些宗教的偏見宣戰。

至於這個古老神聖的根源，我們下一篇再來聊吧！ **39**

---

39 批（中）503–543，羅（下）92–106，梯 326–343，傅 193–199，鄔 378–385。

讀後小測驗

1. 史賓諾莎主要攻擊的是？

   A.佛教　　　　B.基督教　　　　C.伊斯蘭教　　　D.猶太教

2. 史賓諾莎認為猶太教的教義除了強調敬畏神，也包含了各種生活習俗與組織社會的法律，這件事表示了什麼目的？

   A.猶太教是為了勸人向善而存在的

   B.猶太教是為了促進世界大同而存在的

   C.猶太教是為了認識真理而存在的

   D.猶太教是為了建立政治認同而存在的

3. 史賓諾莎並不反對《聖經》中依然存在著真正的、古老的神聖，那就是？

   A.去吧！皮卡丘　　　　　　B.人定勝天，天助自助者

   C.認識上帝，愛人如己　　　D.善有善報，惡有惡報

4. 史賓諾莎認為要恢復宗教真正的精神，就必須？

   A.向宗教的偏見宣戰　　　　B.努力傳揚福音

   C.翻譯解析聖典　　　　　　D.建立宗教組織

5. 古代的宗教似乎很容易與政治有關，你覺得宗教的目的是不是真的是為了政治呢？還是在現代有所轉變？

   _____

   _____

如果出現你完全不認識的東西，

怎麼樣才能判斷出它「是」什麼呢？

試著推論看看你的存在來自於哪個原因？

這個原因又來自於何者呢？

你覺得認清事實可以幫你比較不難過或不生氣嗎？為什麼？

40 沒有神，一切皆不存在，亦不可理解：史賓諾莎（下）

假定你的眼前出現一個從未見過、難以理解的未知之物 X，怎麼樣才能算「理解」了 X 呢？對人類而言，理解的關鍵似乎是把 X 歸入已知世界中的某一類。「理解」意味著跟已知世界有所關聯，史賓諾莎要說萬物的「存在」也是。

在《倫理學》中史賓諾莎試圖解釋人類神聖感的來源。人類對自己也存在於其中的宇宙隱約地抱有一份敬意，這是因為我們知道每個人自身的存在，乃至於環境中的萬物，其實都要依靠著其他物才能存在。

人類的生命來自於父母，父母來自於父母的父母，所有人都因為前人的曾經存在才得以存在。人類物種依靠著大地，大地依靠著星球，最終而言一切事物的存在，都依靠著整個宇宙，每一物都是宇宙中的一物，沒有一物是不需要宇宙而存在的。

有人會說，這也扯太遠了吧？但宇宙只是理解萬物的「背景」，有時理解某一物需要無限多物的背景，例如數字。若要完全理解整數 1，你需要知道整數有無限多個，1 只是其中之一。無限多的整數便是理解 1 所需的背景。

我們對萬物也是如此。理解某物就是認識它的存在，可是每一物的存在都依賴著其他物，這也是為什麼理解一物就要將它視為世界中的一物，將它歸入已知的宇宙之中。例如：「人是理性的動物」，要理解這句話，就得知道什麼是「動物」，動物與非動物有什麼不同。思考是把個別事物歸為已知世界的一部分。

　　我們也的確把自己看成是世界的一部分，每個有限個人的存在，都只是世界整體的一部分。宇宙整體是宗教真正的起源，是人類神聖感的來源，是正牌的「神」。史賓諾莎說：「**無論何物存在，皆在神之中；沒有神，一切皆不存在，亦不可理解。**」

　　這想法與笛卡兒非常相似。笛卡兒認為知識不是孤立的資訊，而是井井有條的系統。史賓諾莎把人類理解一切事物的背景稱為「神」，認為我們是在「神」之中理解一切，但這種意義下的神，絕對不是「擬人化」的神，擬人化的神只是人們編造的故事。神不賞善罰惡，也不眷顧某人，不要求人做這個不做那個。神只是存在著，這就構成了你的存在，你要認識神，因為這也是認識你自己。

　　認識神還能讓人更理性地生活；當你意識到世界中許多事物環環相扣，你會發現萬事萬物背後皆有「不得不」的原因。例如：你可能對鄰居的自私十分火大，但當你更了解他之後，會發現他的壓力與不得已。進而發現，原來自己的憤怒也來自於自私，自己跟對方並沒有太大的差別，憤怒又再次緩解。

　　認識神能帶來「平靜恬淡」的超然心境，真正的宗教是「**認識上帝，愛人如己**」。這種超然不是被教條約束，而是讓人從激動情緒中找回自由。史賓諾莎在短短的四十四年裡，活得既自由又幸福。哲學家，很少像他這麼好命的。 ❹

---

❹　柯（四）261–339，威 137–185，牛 190–196，批（中）503–543，羅（下）92–106，梯 326–343，傳 193–199，鄔 378–385。

讀後小測驗

1. 作者強調「理解」一個事物意味著？

   A.吃掉它　　　　　　　　　　B.進行哲學討論

   C.拆解它，研究細節　　　　　　D.把它歸入已知的世界中

2. 史賓諾莎認為神的概念能告訴我們神？

   A.絕對是類似於人的神　　　　　B.絕對不是類似於人的神

   C.絕對是類似於猶太教的神　　　D.絕對是類似於印度教的神

3. 史賓諾莎認為人類神聖感的來源是什麼？

   A.宇宙整體　　　B.人類本身　　　C.過去的祖先　　　D.國家民族

4. 史賓諾莎認為認識神能帶給人們？

   A.完全的知識　　　　　　　　　B.超自然的能力

   C.平靜恬淡的態度　　　　　　　D.許願的機會

5. 你覺得了解得越多，就越不容易生氣嗎？有沒有相反的例子呢？

你知道為什麼東西會掉到地上嗎？是誰發現的？
你會不會覺得宇宙像是一部精密的機械？
想一想，除了直接觀測以外，
我們還有什麼辦法可以找到太陽系裡未知的行星？

41 天不生牛頓，萬古如長夜：牛頓

　　沒掛好的書包掉地上了，我們會覺得這是因重力而落下。現代人認為物體的運動除了自然規律，不需任何額外的解釋，多說也是白說。相信一切變化都有自然的規律與原因，不需超自然力量的解釋，這種思考習慣可說是從牛頓爵士的偉大成就開始。

　　牛頓 (Sir Isaac Newton) 的古典物理學是近代科學發展的高峰。在數學領域，牛頓與萊布尼茲同時發明了微積分。在自然哲學領域，牛頓以他的新數學整合伽利略與克卜勒的發現，總結出三大運動定律，呈現出完全依照數學規律運作的宇宙，帶給人清楚又深刻的認識。詩人亞歷山大·波普留下：**「天不生牛頓，萬古如長夜。」**

　　能解釋已知星星的軌道已經很厲害了，但牛頓的力量不止於此。科學家以牛頓力學計算天王星軌道發現不正常的偏差，堅持牛頓正確的科學家推測天王星外還有另一顆星星，最後找到了海王星。預測未知展現了科學的力量。

　　十七世紀初古希臘時代的原子學派又開始流行。牛頓也是這個風潮的一員，原子學派相信一切變化都來自於空間中物理原子的運動，原子運動可以用數學來量測，很符合近代科學的世界觀。牛頓相信原子構成了一切物，他的光學是粒子說，他為原子增加了「引力」這個特質，並用引力解釋天體運動、潮汐乃至於砸在他頭上的蘋果。

　　這個時代是不可能直接觀測到原子的，但因為他的理論對天體與可見物的解釋簡潔又精準，你很難不相信這不是事物真正的樣子。古人以為凡能動者必定有靈魂，從動物到星星乃至於四季變化，都被人

敬若神明。當牛頓以「**靜者恆靜，動者恆動**」的慣性定律解釋運動後，
等速運動變成了物體的特性，不用假設神明或靈魂來推動它。

在他的世界裡一切運動都可以用自然法則來解釋，天上星星與地
上萬物遵守一模一樣的法則。被希臘人奉若神明的繁星，事實上也遵
循著蘋果落地的物理定律。宇宙失去了神祕感，成了超大型的機械鐘。

這種思考習慣比牛頓理論本身更重要。牛頓在揭開自然神祕面紗
的同時也帶來了一種「不」以超自然因子解釋變化的思考習慣，一切
變化背後都有「自然」的原因。數學與科學理論能透過預測變化，找
出原因，來證明自己正確。

牛頓以後的西方是一個超自然色彩漸漸消退的世界，這不代表他
們立刻會否定神，牛頓依然相信自然律的存在象徵著有創造一切的神。
但可見的是神在實際世界運轉時的重要性越來越低，神創造了世界之
後就讓世界依自然律運行，「神」變成了人口頭上崇敬的「名詞」。

其實笛卡兒對宇宙的看法也與此十分相似。只是隨著牛頓在物理
學上取代了笛卡兒，他的影響是更長遠的。十八世紀啟蒙時代的主調
就是從思想文化中去除掉超自然因子，完全以自然原因來理解世界，
我們等到時候再聊。 ❹

---

❹　柯（五）204–214，羅（下）54–61。

讀後小測驗

1.科學家以牛頓力學計算天王星軌道發現不正常偏差，最後結果是？

　　A.發現了原來沒被觀察到的海王星　B.發現了宇宙怪獸

　　C.他們修改了牛頓理論的應用範圍　D.他們放棄了牛頓的理論

2.牛頓的物理學中為物質原子增加了哪一種特性？

　　A.引力　　　　　　B.形狀　　　　　　C.熱度　　　　　　D.大小

3.在揭開自然神祕面紗的同時，牛頓的理論帶來了哪一種的思考習慣？

　　A.運用超自然因子去解釋變化的習慣

　　B.想變身為超人的思考習慣

　　C.直接否定神的思考習慣

　　D.不用任何超自然因子去解釋變化的思考習慣

4.牛頓以後的西方世界，神的概念有何變化？

　　A.越來越重要，成為生活中不可缺的一部分

　　B.直接被否定，西方人不再相信神

　　C.越來越邊緣化，變得毫無影響

　　D.在政治生活中越來越重要，掀起了宗教戰爭

5.現代也是一個超自然因子消退的世界，你覺得這樣比較好嗎？還是
　比較不好呢？

　　--

　　--

想一想，你都是怎麼回答考卷裡的是非題？你的依據是什麼？

你覺得判斷「紅花是花」這句話的對錯需要更多資訊嗎？

你覺得判斷「喬是男生」這句話的對錯需要更多資訊嗎？

42 事實歸事實，思考歸思考：萊布尼茲（上）

　　萊布尼茲 (Gottfried Wilhelm Leibniz) 被稱為「十七世紀的天才」。他是位律師，當過外交官，除了是哲學家，還是微積分發明人、動量守恆定律的發現者；他在邏輯學、神學、物理學、地質學、法學等許多領域做出重大貢獻。據說萊布尼茲常直接在椅子上睡著，因為他總是忙於研究與寫作，對任何知識都充滿興趣。

　　博學的他對「知識」或「真理」做了分析，他把真理分成「理性真理」（或必然真理）與「事實真理」（或偶然真理）兩大類。以下提到的「真理」，意思就是「真的句子」，比方說「臺灣位於亞洲」是一個真理，「人類有 23 對染色體」是另一個真理。

　　理性真理是光靠思考就能判定正確的真理。例如：超過十八歲的人比不滿十歲的人更老，只要思考一下話的意思，就可以斷定正確。如果有人認真說他十歲的孩子比十八歲的人要更老，恐怕心智已經有點混亂了。

　　事實真理則必須參照事實才能確定。如果有人說他十歲的孩子已經懂微積分了，我會很訝異很難相信，卻無法根據話的意思來判定對不對。同樣的，一個不滿十歲的人是否「看起來」比另一個滿十八歲的人更老，也得要親眼看到才能確定，這也是事實真理。

　　這兩種真理的區別與詞的意思有關。試著想像一個「主詞＋是（不是）＋形容詞（名詞）」的句子。如果形容詞或名詞的意思已經含在主詞的意思中，例如：「平行四邊形是四邊形」，這個句子是理性真理，否定這個句子會陷入一種自我相反的矛盾：「平行四邊形不是四邊

形」。事情有沒有矛盾是思考就可以知道的，所以思考就能判定理性真理的對錯。

但如果形容詞或名詞的意思不包含在主詞之中，這個句子不論肯定或否定都不會引起矛盾。例如：「砒霜是有毒的」，這個句子中，「砒霜」並不包含對人體有毒的意思，所以這句話屬於事實真理，需要研究事實才能判斷這話是真是假。

理性真理與事實真理的二分法，把事實歸事實，思考歸思考，讓人的知識版圖更加清晰。如果想證明某件事事實如此，我們就得蒐集證據。如果想證明某件事不可能如此，我們就得仔細分析話語的意思，找出矛盾之處。

這也清楚地解釋了「可能」跟「不可能」的概念。嚴格來說，一句話「不可能」為真，是肯定它會產生矛盾；一句話「有可能」為真，是肯定它不會產生矛盾。我有可能出生在美國，也可能是女性，這些雖然是錯的，卻沒有矛盾。但我不可能同時是女性又不是女性，或同時是男性又不是男性，這些句子是矛盾的，毫無道理可言。

過去清廉的人是不是未來就不可能貪汙？我們寧可說，過去清廉的人未來貪汙的機會低，但並非不可能，因為沒有真正的矛盾。人有時太高估推理，以為只要思考周全，某些事一定不可能。然而，即使思考再周全，也無法確定「事實」如何。思考是一回事，事實是另一回事，兩者都很重要。清楚區別避免混淆才是真正的明智。❷

---

❷　柯（四）342–433，牛196–203，批（中）591–630，羅（下）106–124，梯402–418，傅200–202，鄔385–392。

讀後小測驗

1. 萊布尼茲區分了哪兩種真理？

   A.事實真理與價值真理　　　　　B.過去真理與未來真理

   C.理性真理與事實真理　　　　　D.人的真理與物的真理

2. 以下哪句話你可以只以「思考」就判定它不對？

   A.世界是一個正方體　　　　　　B.這個正方形不是方形

   C.愛因斯坦是女性　　　　　　　D.夏威夷比薩好吃

3. 以下哪句話你需要以「事實」為由才能判定它對？

   A.平行四邊形是四邊形　　　　　B.這個圓就是一個圓

   C.愛因斯坦是男性　　　　　　　D.圓不是方

4. 萊布尼茲對理性真理與事實真理的區別還解釋了什麼？

   A.「對」與「錯」　　　　　　　B.「可能」與「不可能」

   C.「永恆」與「暫時」　　　　　D.「價值」與「事實」

5. 請舉一些理性真理與事實真理的例子，想想看，這個區分真的沒有
   問題嗎？

你會不會覺得你其實是廣大宇宙中微小的齒輪而已呢？
說說看你的想法。
試著想想看，撇除掉外貌，你可以認識到你自己什麼？
例如個性、興趣。
你覺得世界會怎樣發展？會往更好還是更糟的方向？為什麼？

43 一場有目的的靈魂之旅：萊布尼茲（下）

十七世紀有種流行的想法，認為宇宙是神造的機械鐘——神上好了發條，一切便照機械原理運作，就像時鐘報時是一連串機械動力的結果。這種想法用在動物身上已經讓人迷惑了，更麻煩的是人自己也是宇宙的一部分。

培根、霍布斯、笛卡兒與牛頓，雖然他們對心靈的解釋各不相同，但在他們想像中的宇宙就是一個機械鐘，影響直到現代。萊布尼茲挑戰這種看法，他認為機械鐘式的宇宙不是唯一解釋，提出了一種肯定自由的世界觀。

萊布尼茲認為人知覺到的物理世界只是表面現象，世界有種更深層的結構。還記得在天文學革命中，太陽繞著地球轉也是表面現象，事實上是地球自轉造成的。提出與表面現象不同的解釋不見得是不科學的。

萊布尼茲設想的深層世界是個與語言相應的世界。前一篇提到萊布尼茲所謂「真理」就是「真的語句」，舉個例子，「蘇格拉底是雅典公民」是件事實真理。它說「蘇格拉底」指的這人，是「雅典公民」這個類的一員。我們把世界中形形色色的對象分類，相互比較後產生了真假的概念。

如果真有人類知識對應的「世界」，這個世界的基本零件應該是每句話的主詞所指的對象，萊布尼茲稱為「單子」。每個可以當主詞的對象，都是單子，不管是人、生物、東西，都可以當一句話的主詞，因而都是一個單子。單子「不是」物質實體，反而像是主詞的靈魂，它有各種特性，知識就是對單子特性的認識。

　　再舉個例子，我們用小畫家時會運用繪圖物件。當拉出某個三角形的圖形物件，你可以設定該物件的不同屬性，如：大小、顏色、填滿與否。三角形物件就很類似萊布尼茲的「單子」，更複雜的物件你還可以設定運動或碰撞規則。

　　萊布尼茲認為單子最好的例子就是每個人的「自我」——每個人都能直接清楚地意識到「我」，了解「我」現在有或沒有什麼。「我」也是我一切想法的起源與目的。

　　「我的身體」其實是「我」被知覺到的那些特性，物理世界是單子被知覺時呈現的樣子，並不是萬物真正的樣子，真正的世界是由一個個單子構成。

　　萊布尼茲認為除非我們把自己當成是機械，否則我們本來就不是機械。想像你正在想要不要換工作，過去的經驗影響著你，但仍是你在考慮、權衡、決定，你的決定取決於「目的」，機械運動只是某一種方式的描述，不是真正的「你」。

　　這方法解釋人還蠻有趣的，不過因為他是哲學家，他解釋的目標包括了萬物。想像萬物都可以說出「我」，其實萬物都是單子。萬物都是某種「我」，但只有人類的我擁有自我意識與自由抉擇的能力。萬物也各有其目的，他跟亞里斯多德一樣認為了解目的才能了解變化。他總覺得世界會越來越好，一切變化最後都朝向更美好的遠方。

　　萊布尼茲這種特別的世界觀有其道理，想想人們是如何理解自己？我們是把人在世的旅程看成一段身不由己的機械，還是一場有目的的靈魂之旅？如果是後者，也許我們真心相信著萊布尼茲。十九世紀後，會有哲學家把這兩種觀點解釋成兩種不同的思考方法，又讓這些想法更加有趣了。 ❸

---

❸　同前註。

讀後小測驗

1.萊布尼茲把組成世界的簡單物叫做？

　　A.原子　　　　　B.蠟筆　　　　　C.原質　　　　　D.單子

2.萊布尼茲想像「單子」的例子是人的？

　　A.身體　　　　　B.雙手　　　　　C.自我　　　　　D.信仰

3.萊布尼茲認為人的單子有什麼特別的能力？

　　A.生長能力　　　　　　　　　B.服從自然規律

　　C.自我意識與自由抉擇　　　　D.超自然能力

4.萊布尼茲認為單子變化主要取決於

　　A.自然律　　　　B.目的　　　　C.身體　　　　D.物質特性

5.想一想如果要介紹自己，你會把自己看成是一個機械，還是一個不

　　斷進行抉擇的靈魂？為什麼呢？

你有「本來就知道」的知識嗎？

還是這些知識其實也是後天學習來的呢？

你覺得知識是思考得來的，還是經驗到的呢？

你覺得知識可不可以修改？或是說知識有沒有可能出錯呢？

44 人心生來是一塊白板：洛克（上）

　　哲學家羅素在《西方哲學史》中談洛克 (John Locke) 時說：「**洛克也許不是最頂尖的哲學家，卻是影響力最大的。**」這讓人覺得矛盾，為什麼影響力最大的哲學家卻不是最頂尖的呢？希望以下介紹能讓你有點印象。

　　笛卡兒認為知識是以清晰無誤的原則為基礎的思想系統，被稱為「理性論」的哲學。英國哲學家洛克的思考方向不同，洛克是一個醫生，愛好自然科學。他認為知識起源於「經驗」，經驗就是人的「感覺」，如視覺、聽覺、觸覺等等。知識是有關於外在世界的判斷，把知識建立在人從外在世界收到的感覺資訊之上，當然是合乎道理的。

　　洛克不同意笛卡兒，他否定人天生就具有認識一切真理的能力。剛出生的嬰兒只會哭泣，洛克主張人心生來是一塊白板，空空如也，缺乏經驗是無法思考的。不過笛卡兒從不認為嬰兒真能思考，而只是說他有這個「潛能」。其實在嬰兒知識的問題上，洛克與笛卡兒只是說法的不同，不是真正的對立。

　　但這兩人的理論真有些地方相衝突。洛克認為知識的主要建材是人感覺到的觀念，如「紅」、「圓」、「固體」、「液體」等等，這些是外在事物透過感覺印在我們心中的內容，稱為「觀念」或「簡單觀念」。人心無法創造簡單觀念，也無法毀滅它，它們來自於外在世界。除了感覺，人類也能檢查排列自己已有的觀念，洛克稱為「反省」。人透過反省而得到複雜的觀念，例如細分所知覺到的形狀或顏色。

　　人心對觀念的反省與組合構成了「知識」。知識來自於觀念，沒有

觀念便沒有知識。知識是感覺的產物，感覺不是絕對確定的，只展現了事物的某一面，知識也是如此。洛克強調人類知識是片段的、暫時的、可懷疑的，甚至是可修改的。人沒有辦法像神一樣看穿整個世界，無法擁有必然的知識。**「我們無法獲得自然事物完美的知識，追求這樣的知識，也只是徒勞。」**

在這一點上，他與笛卡兒真正衝突，笛卡兒追求絕對的確定性，洛克卻反對這種態度。他是如此批評笛卡兒：

「一個人在日常生活中，如果除了直接而清楚的證明之外，不再承認或相信任何事，那他只會很快地死去。他的飲食再美好，卻也不能成為讓他嘗試的理由；我真不知道還有什麼事情，是他能憑著毫無疑義、無法反駁的根據所為。」

人天生就是有限的存在，只能得到有限的知識，過分追求確定性只是誤入歧途。

洛克的理論不是在尋找知識的絕對出發點，反而像是在反省人類認識世界的過程，指出知識本身的有限。但是，我們也不用像懷疑主義那樣灰心，因為懷疑主義也弄錯了，他們把知識想像得太完美，以至於否定知識的存在。我們應該坦率地承認知識是一種有條件、不完美的存在。

不把想法推至極端，不尋找知識絕對的出發點，承認知識可能包含著錯誤，認為知識是可以修改的，甚至連自己的看法也可以修改，這些主張讓人們尊稱洛克為「常識哲學家」。這種論點或許不是最頂尖的，卻十分符合現實處境，你可以想想看這是否合你的意。❹

---

❹ 柯（五）72–185，牛 167–182，批（中）547–587，羅（下）133–181，梯 344–365，傅 203–205，鄔 397–403。

讀後小測驗

1.洛克認為知識起源於什麼？

　　A.感覺　　　　　B.思考　　　　　C.欲望　　　　　D.金錢

2.以下關於洛克的說法，何者為「假」？

　　A.洛克否定人類天生有認識真理的本能

　　B.洛克認為人的內心是一塊白板

　　C.洛克主張我思故我在

　　D.洛克認為人類的知識是透過感覺而建立的

3.以下有關於洛克的說法，何者為「真」？

　　A.人的知識是先天的　　　　　B.人的知識是有限的

　　C.人的知識是天下無敵的　　　D.人的知識全都是回憶得來的

4.洛克被尊稱為什麼哲學家？

　　A.推理哲學家　　B.思考哲學家　　C.愛的哲學家　　D.常識哲學家

5.洛克這種「不過分追求確定性」的哲學，你覺得真的是人追求知識
　的正確態度嗎？還是只是一種詭辯的說法？

你有聽過「天賦人權」嗎？你知道你有什麼「人權」嗎？
你覺得文明的源頭是什麼？是互相爭奪還是彼此合作呢？
說說看你的想法。
你覺得現在的政府有保護我們的人權嗎？

45 不自由，毋寧死：洛克（下）

相信大家都聽過「**不自由，毋寧死**」這句話。洛克的政治哲學正是這句話的主角，他的政治哲學被稱為「自由主義」。自由主義是當今最流行的政治體制，這種體制除了與洛克的哲學有關，也與當時英國政治的實況有關。

在 1642 到 1651 年間，英國發生了一場內戰。議會與國王各自領兵交戰，最後國王兵敗被斬，之後由議會頭領克倫威爾總攬大權，自任「護國公」。他的統治也相當獨裁專制，他死後英國王室又透過政變取回權力。

為了避免這種下犯上的革命再度發生，英國人釜底抽薪，採取了一種寬容開明的統治。1688 年光榮革命後，英國的寬容更上一級，進入保護人民的人身、財產、宗教與言論自由的時代。洛克生在這樣的時代，他將開明寬容的精神化為政治哲學的理論，成為後來美國、法國乃至於全世界堅信的思想。

霍布斯說沒有國家時，人類的生活短暫、痛苦而且野蠻，因此人們將自己的權力轉讓給絕對的執政者，藉此停止人與人無止盡的戰爭。洛克也用類似的想像說明國家的意義，但他的看法完全相反。

洛克認為文明始於一群獨立、自由、平等的人，彼此合作無爭地生活著。人們不會互相傷害，因為他們有「理性」。洛克說：「**理性是人行動的法則，全體人類都得向它請教，而理性教導人們，沒有一個人應該傷害其他人的生命、健康、自由或財產。**」

藉由理性，每個人都自然而然地了解到，自己與他人的生命都不

可侵犯。除了自由與生命之外，生活也需要自然資源，神也把充滿資源的大地賜給人們，允許人分有它，改良它，透過努力在大地上生產各種財貨。（他的想像偏向農業）

不料，雖然理性有所規範，還是難免有人不守法。為了提高效率，懲罰不法，維持正義，人們成立國家，讓渡自己的部分權力給政府。這即是洛克所說：「**人們彼此結合，成立國家，把自己置於政府的統治之下，主要目的在於保護他們的產業。**」

這裡的「產業」不單指金錢，而是泛指人們的生命、自由與財產。這些產業是「天賦人權」：意思是人類個體的生命、自由或財產都應該完全屬於他自己，這是他個人存在的意義，任何他人、國家、法律、組織都不可以侵犯。任何以壓迫人權為目的的法律或組織，都是不正義的。

人們自願組成政府，政府只能保護而不能侵害天賦人權。侵害人權的法律是無效的，政府也是可以推翻的。天賦人權後來也被泛稱為「自由」。自由主義的自由不是放任或自私，而是指政府對個人權利的保護，而且這種保護必須出於對人權的尊敬，而不是出於發展經濟等特殊目的。任何出於義務保護人權的政府，都是自由主義的政府。

自由主義的政府與組織政府的方法並沒有直接關係。常識中的「民主」是指用投票方式組織政府，兩者不太相同，但可以互相支持。洛克沒有特別贊成民主制，但他主張立法權與行政權應分開由不同機構執掌，就像英王與議會一樣，讓組織分工又能相互監督。洛克的政治哲學影響了後來的美國獨立革命與法國大革命；直到今日，自由之力依然隨處可見。 ❹⑤

---

❹⑤　同前註。

讀後小測驗

1. 洛克認為人類在文明之始，是什麼樣的狀態？

    A.迷信宗教

    B.每天玩寶可夢

    C.獨立、自由而平等的人們合作生活

    D.以家族為中心進行戰爭

2. 洛克認為人們在原始時代不會互害，因為他們具有？

    A.家庭 　　　　 B.理性 　　　　 C.感覺 　　　　 D.信仰

3. 洛克所謂「天賦人權」是指？

    A.任何國家、法律、組織、他人都不可以侵犯的個體權利

    B.任何個體都必須尊重國家、法律、組織的權利

    C.任何個體都必須尊重國家、法律、組織的規定

    D.任何國家、法律、組織、他人都不可以侵犯的家庭法律

4. 自由主義所謂「自由」指的是？

    A.政府對組織的保護 　　　　 B.不鼓勵放任、任性或自私

    C.鼓勵放任、任性或自私 　　　　 D.政府對個人權利的保護

5. 許多現代國家除了洛克列出的天賦人權外，還增加了更多的人權，

    你有想過還可以增加什麼嗎？

    -

    -

如果在山谷裡有一朵花，從來沒人見過，你覺得這朵花存在嗎？

如果有棵樹在無人島上倒下了，你覺得那裡會有聲音嗎？

怎麼樣才能知道這個世界不是一場夢呢？

46 存在即是被知覺：柏克萊

　　有個老笑話，大意是說，有位電影觀眾緊盯著螢幕上主角出浴的一幕，沒想到這時剛好一列火車經過，擋住了鏡頭。有個觀眾憤怒大喊：**「我來看這電影第三次了，每次火車都這麼準時。」**

　　我們知道電影影像只是投影的結果，人看到的不是真實的物。要偷看電影中的人，得真的遇見才有機會。但如果有人問：我們要怎麼證實人不是在作夢，或怎能確定人的各種知覺不是場更大更精密的投影呢？我們其實提不出什麼決定性的證據。

　　本篇主角柏克萊 (George Berkeley) 是愛爾蘭的主教，他認為人類對外在世界的一切認知，乃至於在其中的生活，全都在「心靈」之中，人從來沒有走出過心外一步。笛卡兒曾說人無法確定自己是不是在作夢，柏克萊就是在說現實根本是場更大的夢。

　　柏克萊並不認為自己在胡說八道，反而認為你很容易接受他的主張。柏克萊認為洛克對知識的看法是正確的，一切知識來自於感覺，若問我們有什麼證據可以證明外在事物的存在，說到底也就是一組組感覺而已。據說柏克萊的朋友強森曾反駁鐵罐不可能只是感覺，因為踢到鐵罐腳會痛。而他的回覆是這正好說明了鐵罐就是你所感覺到的痛。

　　既然柏克萊相信事物存在的證據都來自於感覺，所以事物不過就「是」感覺。他認為**「存在即是被知覺」**，這句話的意思是：除心所知覺到的對象之外，無物存在。設想不能被任何人知覺到的對象，根本上是自相矛盾的。

　　儘管提出了常人難以認同的理論，但柏克萊強調他的理論只是常識罷了——對一般人來說，雪球就是個白白、硬硬、冷冷的東西，背後並沒有不可知覺的「物質實體」。只有「哲學家」才會假定感覺背後有種獨立於感覺的物體存在。這就好像是一個原來姓陳的人改姓蔡，為證明自己不姓陳，但他的改名剛好證明了他姓陳。

　　照柏克萊的說法，是不是當我沒在看我的冰箱時，冰箱與冰進去的東西都消失了？柏克萊解釋說世間萬物雖然歸根究柢只是人的感覺，卻不會因為人不看它就消失，因為一切物都存於神的心中。神俯瞰萬物，看著冰箱和裡面的食物。柏克萊主教之所以提出被稱為「唯心主義」的世界觀，是因為他視「物質」為信仰的敵人。而的確，離物質越近的現代人也越遠離信仰。

　　我們當然可以佩服他敏銳的直覺，也認為似乎反駁不了這個理論，但接受這個論點的動機不會是理性，而是宗教情感。思想家狄德羅說柏克萊是一臺 **「發瘋的鋼琴」**，這種理論是 **「智慧的恥辱，哲學的恥辱」**，我也是能理解的。

　　對大部分人來說，感覺不是純心靈的，而是當你把注意力轉移到感覺上時，注意力把它想像成「純心靈的」。因為無法確定感覺背後是否有物體而否定它有點矯枉過正，就像一個人如果不能證明他的右手拿東西時絕不會掉在地上，他就要放棄使用右手。儘管這樣的理論難以反駁，也同時難以被相信。❹

---

❹　柯（五）72-185，牛182-190，批（中）633-673，羅（下）181-195，梯372-381，傅206-208，鄔403-408。

讀後小測驗

1.柏克萊認為外在萬物歸根究柢其實是？

　　A.是物質實體　　　　　　　B.都是神的一部分

　　C.都是蟹堡配方　　　　　　D.就是一組組感覺

2.柏克萊所說的「存在即是被知覺」，意思是？

　　A.存在之物都有知覺　　　　B.存在之物都能知覺

　　C.知覺之物都是存在著　　　D.存在之物僅僅是人的感覺

3.依照柏克萊的觀點，即便你沒在看你家的冰箱，你家的冰箱依然是

　　存在的，是因為什麼緣故？

　　A.你家的冰箱是物質實體　　B.你家的冰箱被神注視著

　　C.你家的冰箱就是神　　　　D.你家的冰箱是被創造的實體

4.柏克萊之所以提出這種極端的唯心主義世界觀，是因為他認為？

　　A.唯心主義太危險了　　　　B.唯物主義太危險了

　　C.神學太危險了　　　　　　D.理性主義太危險了

5.你能接受柏克萊的觀點嗎？理由是什麼呢？

你覺得有沒有可能「自我」是不存在的？這樣想的人是發瘋了嗎？

宇宙真的有普遍的規律存在嗎？會不會只是「剛好」而已呢？

世界上真的有因果關係嗎？說不定只是事件連續發生而已？

說說你的想法。

47 我無法在不帶任何知覺的片刻捕捉到自己：休謨（上）

許多人每天早上會來杯咖啡，幾乎到不喝不行的地步，這是種「習慣」。我們也知道每天早上太陽會從東邊升起，這是對自然規律的「知識」。知識不同於習慣，然而如果從個人心理的角度看來，兩者不都只是一種「心理活動」？

大衛・休謨 (David Hume) 是英國的哲學家、歷史學家。他常常懷疑人們視之為理所當然的想法，提出犀利的批評，他的思想如果用武器來比喻，像是把鋒利的名刀。這引起了極端的兩面評價，有人認為他根本是胡說八道，也有人認為他說的才是實話。

休謨與洛克、柏克萊一樣，都認為知識從感覺經驗而來，知識不該超過經驗的證據。他贊同柏克萊，認為人對獨立於心靈的世界一無所知，人最多只能認識感覺。但他認為柏克萊檢討的還不夠徹底。柏克萊對人的「心靈」或「自我」的存在不加懷疑的，但休謨認為「自我」也一樣可疑。

他說：「**我無法在不帶任何知覺的片刻捕捉到自己，而且除了知覺之外，永遠無法再觀察到任何東西。**」當回憶過去，我們能想起的都是遇到某件事或見到某個對象，卻不曾遇見過一個「不變的自我」。相信一個不變的自我也是假定的，就好像假定獨立於心靈的世界一樣。

休謨還挑戰「歸納法」。歸納法是從有限例子推理出普遍規律，比方說伽利略觀察了「某些」單擺，從中推論出「一切」單擺適用的定律。歸納法的推理結果超過了證據，但我們又認為歸納是種「推理」，不只是猜測。休謨認為我們之所以相信歸納推理，是因為預先相信宇宙有普遍的規律。

　　但若再問為什麼人會相信宇宙有普遍的規律呢？回應往往是因為我們歸納出世界是如此，或過去這樣想都沒問題，所以未來也一樣，這兩種說法也都還是歸納法。歸納法的證明是另一個歸納法，除了證明自己深信如此，根本沒有可靠的證明。

　　休謨甚至懷疑「因果關係」。想像一顆白球撞擊一顆紅球後讓紅球滾動，我們會說白球撞擊是紅球滾動的原因，或者紅球滾動是白球撞擊的結果，這叫「因果關係」。休謨認為我們可以觀察到兩個事件「連續出現」，卻無法真正看見「因果關係」。

　　連續出現不代表因果關係，舉例，白天與黑夜

　　總是連續交替，但我們不會說白天是黑夜的原因，或黑夜是白天的結果，兩者都是地球自轉的結果。在我們平常相信有因果關係的例子中，我們常以為自己握有直接證據，但人真的能觀察到的也只是事件連續出現，無法直接看見因果。因果關係也出於自以為是的假定。

　　在無情地批判一切後，休謨的結論是人類的知識其實是一種因「習慣」而來的信念，是一種個人與環境互相影響產生的心理活動。他說：**「自然界以一種絕對的、無法控制的必然性，不但決定了我們的呼吸和感覺，也決定了我們的判斷。」**知識從習慣而來的，我們不是出於理性，而是因為習慣去相信一切。

　　最終而言，這些習慣也不是無的放矢，它們都是有益於人生存的工具。**「我們相信火能讓人溫暖，或水能讓人清醒，那無非是因為不這樣想我們會吃苦頭的。」**休謨的觀點既是破壞性的，因為他眼中的知識並不真的理性；但也是解放性的，因為他所謂知識不是教條，而是人類生存的工具。這種有趣的觀點，值得欣賞。**㊼**

㊼　柯（五）92–195，牛 203–213，批（中）677–727，羅（下）196–212，梯 382–398，傅 209–214，鄔 408–413。

讀後小測驗

1. 休謨對「自我」的看法是？

　A.他認為自我就是神　　　　　B.理性的反省才能認識自我

　C.哲學可以證明有個不變的自我　D.人無法證明有個不變的自我

2. 休謨對「歸納法」的看法是？

　A.歸納法是理性的，人可以憑藉歸納法認識世界

　B.歸納法根本沒有理性的基礎，只是人的一種習慣

　C.歸納法的理性在神的身上

　D.歸納法的理性基礎是魔法

3. 休謨提出人們平常所謂的「知識」其實是一種？

　A.不完整的錯誤　　　　　　　B.因習慣而來的信念

　C.回憶理念得到的信念　　　　D.對神的依賴

4. 作者提到，這些出於習慣的心理現象並不是空穴來風，而是？

　A.有益於人類生存的　　　　　B.有益於人類信仰的

　C.有益於人類組織社會的　　　D.有益於人類自信的

5. 休謨認為知識就只是有益生存的工具，這樣的說法你同意嗎？你有

　沒有想到什麼漏洞呢？

你覺得「用功念書可以有好學校」
能夠推理出「我們應該用功念書」嗎？
你覺得人類是理性的還是感性的呢？說說你的看法。
你常在生活中聽到：「你應該……」嗎？
你覺得這些話的道理何在？

48 「事實是這樣」無法推論出「我應該這樣」：休謨（下）

　　休謨對一切的懷疑並沒有止於知識，他對人「該做」什麼也提出了懷疑。討論人該做什麼的哲學被稱為「倫理學」(ethics)，但各位先別被詞誤導，倫理學不是要求你守規矩的八股練習，而是認認真真討論倫理道德的規矩從何而來的學問。人生於社會之中，需要一些規矩釐清人我分際，對道德規矩的看法構成了一個人的價值觀，許多部分也是現代法律的基礎。休謨在倫理學中也提出了極為重要的主張：「應然」與「實然」的二分。

　　說起語言的功用，第一印象通常是語句能描述事實——例如「你昨天早睡早起」這個句子。這叫「實然」的語句。「實然」的意思是「事實如此」。實然語句的真假，取決於所說的事情有沒有發生，如果你真的早睡早起，這句話就為真，反之則為假。

　　再考慮「你應該早睡早起」這個句子，這句話講的不是事實，而是某種規矩，它是「應然」的句子。「應然」的意思是「應該如此」。應然句子的真假跟它講到的事有沒有發生無關。當對小明說「你應該早睡早起」時，有可能他常這樣，也可能從未如此。應然語句說的不是事情「有沒有」發生，而是說「該不該」這樣子，它說的是種「價值」，就是好或不好的意思。

　　休謨認為從「事實上」如何如何，絕對無法推出人「應該」怎麼做。比方說：從「運動能使人健康」是推不出「人應該要運動」，你可以說健康又怎麼樣，我就愛不健康。除非在我們也同意「人應該追求健康」，否則推不出「人應該要運動」的結論。從完全不含「應該」的

實然句子，不可能直接推出應然的句子。

假定有神學家認為：因為人是神的創造物，所以人應該遵守神的命令。另一位哲學家則認為：因為人具有理性，人應該遵守理性的法則。對休謨來說，兩人的推理都是錯的，因為光從「人是神的創造物」或「人具有理性」這些事實，是推不出人應該要遵守神的命令或理性的。

試想：如果你創造出了一個生命，這個生命就「應該」照你的意志行動嗎？不見得吧？若你為這條生命設計了某種功能，生命就「應該」去發揮這功能嗎？就算不這樣做會吃到苦頭，這也不代表理所當然「應該」如此，因為，有時吃點苦也是應該的。

休謨認為人類價值判斷的根源根本不是事實，而是「情感」，情感才是人一切行事背後的主人。他說：「**理性是，而且也只應該是情感的奴隸，永遠無法在服務與服從情感之外，還有其他的功能。**」我們在找理由以前就已經預先喜歡或討厭了某些東西，一旦這些東西出現了，我們就說出理由，其實只是畫蛇添足。人類並不如自己想像那麼理性，如果理性是人的主人，情感跟習慣就是理性的主人。

休謨的懷疑又挑戰了過往哲學的看法，他把人類各種精神活動都看成心理活動，以此建立起新的哲學。時至今日，越來越多的心理學或神經科學家，不斷嘗試還原出人類在認知還是做價值判斷時的心理過程，休謨完全是這方面的先知。❹

---

❹　同前註。

讀後小測驗

1.討論人「應該做什麼」這類問題的哲學稱為？

　A.形上學　　　　B.行為學　　　　C.倫理學　　　　D.黑魔法學

2.在「應然」與「實然」的關係上休謨主張？

　A.「應然」能推出「實然」

　B.「實然」無法推出「應然」

　C.「應然」與「實然」相互矛盾

　D.「應然」與「實然」都只是對神的信仰

3.休謨認為人價值判斷往往來自於？

　A.理性　　　　B.智慧　　　　C.情感　　　　D.守法

4.休謨把人類各種精神活動都看成是？

　A.人類的宗教活動　　　　　B.人類的心理活動

　C.人類的體力活動　　　　　D.人類的神聖性

5.休謨主張「實然」推不出「應然」，這是否代表一切價值規範都沒有
　根基，只是人的幻覺罷了？你對這兩者的關係又有何想法呢？

說說看，你認為的「幸福」是什麼？有什麼例子？
你覺得你的「幸福」可以跟別人比較嗎？
你覺得「幸福」是可以用數字量化的嗎？
對你而言，吃漢堡的幸福指數有多少？

幸福是否可以比較？：蘇格蘭的倫理學家

　　大家應該都聽過「**比較幸福**」或「**誰比誰幸福**」之類的話。其實對古代人來說，這種說法很奇怪。幸福就是幸福，為什麼還要「比較」？不同的幸福真的可以比較嗎？會不會「比較幸福」反而是踏入不幸的第一步？

　　在十八世紀的蘇格蘭，有群學者熱烈地討論著人應該做什麼的倫理學問題。因為過去學者對道德價值的解釋不怎麼令人滿意——霍布斯認為人天性自私，把道德看成純粹外在的約束有點古板；洛克訴諸了神的律令來解釋道德，與他自然主義的知識觀非常不一致。

　　前兩位以外在力量來解釋道德，好像把問題想得太簡單，不太有說服力；但古代觀點把道德與人生、智慧、幸福等主題編織在一起，又太複雜了。蘇格蘭這批學者繼承了近代思潮，把道德想像成人身上的一種能力，既然知識源自於人的經驗或理性，道德也該源自於個人身上的某些東西。

　　「道德源於人自身」的解釋首先會遇到「自私」的問題。人天生是自私的，但道德要求人停止自私，為他人著想。哲學家沙富士伯利(Shaftesbury)認為人雖然自私，卻因為人是社會的動物，渴望他人的肯定，自私者依然會在乎社會的眼光，自我克制，培養出遵守秩序的「美德」。

　　哲學家胡屈森(Francis Hutcheson)把這些想法更條理化。他認為人既是自私的，卻也有「同情心」——人會對別人的痛苦感到不適，會因他人的幸福感受喜悅（對親人更是如此）。人愛追求私利，但也因同情心而愛社會利益。兩者都是人身上自然而然的情感，人必須權衡

兩邊。

這種權衡的過程帶來了新的想法,他寫下:「……**對最大多數人產生最大幸福的行動,是最好的行動;而對最大多數人導致最大不幸的行動,則是最不好的行動。**」這裡用到了「量」的概念——如「最大多數人」與「最大的幸福(不幸)」來解釋「好」與「不好」。這種觀點後來被稱為「效益主義」。「效益主義」是博愛精神的推廣,認為人應該採取對最多人的幸福有利的行動。它背後隱藏了一個重要的看法,就是幸福與不幸可以量化,可以計算總量,進行比較。

當時也有學者主張可以用感覺來解釋幸福,快樂就是感覺。巴雷(William Paley)說:「**若感覺快樂的總和超出痛苦感覺的總和,即可稱之為『幸福』,而幸福的程度則取決於快樂超出痛苦的量。**」可以量化的幸福,剛好就是前一段權衡「好」與「不好」需要的標準。

對天體運動的量化帶來了科學革命,對幸福的量化也是倫理學、經濟學、法律與公共決策現代化的關鍵。感覺主義與效益主義很自然就這樣相乘起來,能帶給最多人最大快樂減痛苦的淨值的就是最好的行動。雖然這條規則有可能遇到不合的例子,但整體方向仍非常有吸引力。

感覺主義與效益主義的結合還有另一個影響。古代幸福往往是向內追尋,無法比較。要讓幸福能被計算,又推崇感覺,幸福很自然就會等同於外在的「產品」(或商品)了。以追求財富為一切的資本主義就要來臨。

所以,我們常常在靠近追求的目標時倍感幸福,等真正達到了目標,卻又忍不住跟別人比較而失去幸福,這也是現代生活的一大特色。❹

---

❹ 柯(五)236–273。

讀後小測驗

1.當以自然角度解釋道德，首先會遇到什麼的問題？

　　A.自私　　　　　B.美德　　　　　C.同情　　　　　D.皮卡丘

2.相對於人的自私，胡屈森認為人有什麼與之對抗？

　　A.理性　　　　　B.《聖經》　　　C.同情心　　　　D.魔法

3.「效益主義」的觀點認為？

　　A.對最大多數人產生最大的幸福的行動是最不好的，而對最大多數人導
　　　致最大不幸的行動是最好的

　　B.對最大多數人產生最大的幸福的行動是好的，而對最大多數人導致最
　　　大不幸的行動是更好的

　　C.對最大多數人產生最大的幸福的行動是不好的，而對最大多數人導致
　　　最大不幸的行動是更不好的

　　D.對最大多數人產生最大的幸福的行動是最好的，而對最大多數人導致
　　　最大不幸的行動是最不好的

4.感覺主義與效益主義聯手的結果是以下何者的誕生？

　　A.資本主義　　　B.知識主義　　　C.科學主義　　　D.愛國主義

5.你覺得不同人的幸福「真的」可以比較嗎？你覺得「比較幸福」會
　不會是踏入不幸的原因？

想想看，現在世界上的「強國」，它們都具有什麼特點呢？

在日常生活中，你有分工的經驗嗎？你覺得分工有沒有幫助呢？

對你而言，金錢的意義是什麼？金錢有多重要呢？

50 人是唯一會交易的動物：亞當·斯密

不知當各位聽見「強大的國家」時，會想到什麼？土地廣大？人口眾多？軍隊強悍？我猜答案可能很一致——在現代，人們認為的強國總是那些經濟力強大的國家。

亞當·斯密 (Adam Smith) 是蘇格蘭思想家。他的作品《國富論》開創了「經濟學」這個學科，建立了古典自由主義的「經濟學」。我們談過洛克，洛克的理論是古典自由主義的「政治哲學」。一個是政治，一個是經濟，這是兩個不同領域的理論，不同但也不衝突，還很容易攜手合作。

亞當·斯密與洛克還有一點類似：他們的理論都不是純假想，而是反映了英國正在進行的社會變革。在當時，英國已經進入了工業革命早期，企業家的財富迅速累積，社會生產力不斷提升，從此開始全世界都往這個方向改變。

亞當·斯密認為國家的財富不在金銀，這些只是交易的工具，也不是土地，以土地生產的農業只是眾多行業之一。真正富裕的國家要能生產各種不同物資：如食物、衣服、武器等，才能應付各種變化的需要。生產力的強大才是真正的富裕，亞當·斯密認為影響生產力的關鍵是「生產技術」，而提高生產技術的關鍵則是「分工」。

《國富論》有個有名的例子：製造針有許多必要步驟，如拉鐵絲、磨尖針頭等等。如果讓一位製針工人獨立執行所有步驟，一天只能做出一根針；但若採取分工，十位工人各自負責一個步驟，一天就可以製造出十二磅，共四萬八千根針。分工能培養熟練的工人，催生高效

率的工具與機器，效益極為驚人。

把整個社會想像成製針廠，所謂「分工」就是社會中的「交易」。各種不同職業的人，負責各式各樣的工作與服務，整個社會因交易而自然分工。鼓勵交易等於鼓勵分工，進而有利於生產技術的提高。人們在交易中創造自己的財富，也創造了整個社會的財富。

所以「交易」是社會進步的原動力。亞當‧斯密說：「**人是唯一會交易的動物。**」對他來說，交易是種穩固的合作。搶奪或乞討只能偶爾獲得想要的東西，交易卻能建立起穩定的組織。亞當‧斯密說，每一個不生產自己生存所需之人，都是商人，所以每一個現代人都是商人。

「**我們不能藉著肉販、啤酒商或麵包師傅的憐憫之心獲得免費的晚餐，反而必須訴諸他們的自私。**」（也就是用錢去買）亞當‧斯密並不是在鼓勵人們自私，我們儘管可以對親友無限慷慨，但在與陌生人合作時，出於自私的交易反而能建立穩定的互惠關係。城市中人冷漠卻不危險，反倒是熱情共享一切的草原部落，不時會劫掠陌生人。

從政府的立場來說，政府在法律上應該允許人民建立各種企業，開放自由市場，鼓勵自由競爭，這樣能催生出更好的企業與生產技術，整個社會最終得以受惠。私有財產是人合作的基礎，政府應立法保護它，讓人更願意追求財富、投身於生產行列。

亞當‧斯密的理論本身屬於經濟學的專業學科，目前無法進入細節，不過開放私人企業、鼓勵自由競爭、保護私有財產，這些是古典自由主義的經濟學明顯的特徵，也是現代資本主義的前身。不管贊不贊同，喜不喜歡，現代人都必須設法與這樣的世界共舞。❺⓿

---

❺⓿　柯（五）512–520。

～～～～～～ 讀後小測驗 ～～～～～

1. 亞當・斯密認為影響生產力的關鍵是？

   A.資金   B.怪獸的力量   C.天然資源   D.生產技術

2. 亞當・斯密認為提高生產技術的關鍵是？

   A.工人訓練   B.資金   C.分工   D.知識

3. 亞當・斯密認為人類透過什麼才能建立穩固的合作

   A.交易   B.愛心   C.信仰   D.愛國

4. 下列何者「不是」亞當・斯密認為國家應該做的？

   A.允許人民建立工廠企業   B.禁止自由競爭

   C.保護私有財產   D.允許自由競爭

5. 賺錢毫無疑問能讓你生存，甚至生存得很舒服。然而你覺得「賺錢本身」也該是人一生追求的首要目標嗎？說說看理由。

參考答案

(1) CBAD

(2) DBCA

(3) ADAC

(4) CBAD

(5) BCAB

(6) BABD

(7) CADD

(8) BADC

(9) BCDC

(10) DDAC

(11) BACD

(12) ACBD

(13) DCBC

(14) CBDA

(15) CDAB

(16) DBCA

(17) BDAB

(18) DBDD

(19) CCCA

(20) CDAB

(21) DABB

(22) ABDC

(23) DACC

(24) ADCB

(25) ABDB

(26) DBCD

(27) ACDB

(28) DCAC

(29) CADB

(30) DACB

(31) BADD

(32) CBAB

(33) DCBA

(34) DACC

(35) DBCD

(36) DDDA

(37) BADD

(38) DBCB

(39) DDCA

(40) DBBC

(41) AADC

(42) CBCB

(43) DCCB

(44) ACBD

(45) CBAD

(46) DDBB

(47) DBBA

(48) CBCB

(49) ACDA

(50) DCAB

教室裡有一頭大象——思考、思考、講道理

冀劍制／著

英文常以「房間裡的大象」來表達明顯卻視而不見的事物。這樣的情況出現在孩子的教育上，就像大象跑到教室裡，變成了「教室裡的大象」。思考與講道理經常為人所忽略，但這卻是引導孩子養成素養的第一步。讓我們一起透過故事，看見原先忽略的「教室裡的大象」！

哲學很有事：中世紀到文藝復興

Cibala／著

最愛說故事的 Cibala 老師，這次要帶領大家，探訪西方中世紀到文藝復興這一千多年裡，發生了哪些哲學上的大小事！猶太教、基督教、伊斯蘭教打起來了，這跟哲學有關係嗎？現代國家和憲法理念的形成，也離不開哲學？哥白尼的「日心說」、培根的「歸納法」，這些追求科學真理的學問，居然引爆了近代哲學的小宇宙？快跟著 Cibala 老師一起探索，找出意想不到的哲學大小事吧！

哲學很有事：近代哲學（上）　Cibala／著

最愛說故事的 Cibala 老師，這次又要帶領大家，從「信仰」為主的西方中世紀到文藝復興時期，跨越到以「知識」為主題的十七到十八世紀，這之間發生了哪些哲學上的大小事！笛卡兒所秉持的懷疑精神究竟是什麼呢？長久以來的出版審查制度又是怎麼一回事呢？創建國家的目的與意義也是哲學探索的一大問題？快跟著 Cibala 老師一起探索，找出意想不到的哲學大小事吧！

哲學很有事：近代哲學（下） Cibala／著

最愛說故事的 Cibala 老師，這次要帶領大家，認識被稱為「啟蒙時代」的十八世紀，透過思考追求進步的時代會有哪些哲學故事呢？《百科全書》是怎麼出現的呢？盧梭的出現帶給世界什麼影響呢？康德的學說竟開啟了諸多學派的誕生？市場經濟也與哲學息息相關嗎？快跟著 Cibala 老師一起探索，找出意想不到的哲學大小事吧！

奇異博士與哲學：另一本禁忌之書

馬克・懷特／主編　威廉・歐文／叢書主編

葉文欽／譯

漫威的著名人物——奇異博士，躍上了世界的大螢幕，開始揮舞著靈環，劃出絢麗的魔法陣，抵禦狂徒的攻擊、傳送你到世界各地。不管是超級尖端的神經醫學，或是神祕至極的祕術魔法，居然都與哲學脫不了關係！?

做哲學：哲學不是沒有用，而是你會不會用

古秀鈴等／著

為了引入更深刻的議題思辨，鼓勵將思考轉化為獨立且成熟的公民行動，本書的八位哲學教師將從第一線的教學經驗開始，於日常生活經驗著手，帶領讀者思考其中的哲學問題，展開激烈燒腦的思考過程。現在，請戴好你的安全帽，因為我們將要進入哲學工地開始做哲學！

硬美學——從柏拉圖到古德曼的七種不流行讀法
劉亞蘭／著

我們的身邊充斥著各式各樣的設計作品，從公共空間的裝置藝術，到藝術館內靜靜陳列的藝術品，因而欣賞藝術成為了像呼吸一樣自然的事情。然而我們或多或少都曾經為了美與藝術背後的哲學問題感到困惑：怎樣才算美？藝術到底是什麼？而觀眾、藝術家與作品之間的三角關係又是什麼？

思考的祕密
傅皓政／著

本書專為所有對邏輯有興趣、有疑惑的讀者設計，從小故事著眼，帶領讀者一探邏輯之祕。異於坊間邏輯教科書，本書沒有大量繁複的演算題目，只有分段細述人類思考問題時候的詳細過程，全書簡單而透徹，讓您輕鬆掌握邏輯推演步驟及系統設計的理念。全書共分九章，讓您解碼邏輯，易如反掌！

韓非，快逃！
李賢中／著

韓非為何要「快逃」？若韓非是現代人，他是否會沿用他的學說呢？在現代社會中，法家哲學還適用嗎？此套人性管理真能成功嗎？在作者輕鬆詼諧的文筆下，看韓非與各家人物對談，層層剖析其思想內涵，以淺近生動的譬喻，思索活用於現代的可能，讓讀者輕鬆閱讀、愛不釋卷！

科幻世界的哲學凝視 陳瑞麟／著

科幻是未來的哲學；哲學中含有許多科幻想像。科幻與哲學如何結合？相信許多人會感到好奇。本書試圖分析、討論與詮釋科幻創作的哲學意涵，包括小說《正子人》、《童年末日》，以及電影《千鈞一髮》、《駭客任務》。透過科幻創作的分析，本書試圖與讀者一起探討「我是誰」、「人性是什麼」、「人在宇宙中的地位」、「真實是什麼」等根本的哲學問題。

信不信由你：從哲學看宗教 游淙祺／著

本書從哲學角度看待宗教問題，以八個子題循序漸進地簡介西方哲學處理宗教的方式。西方哲學從古希臘到十九世紀末為止，其論辯、批判與質疑的焦點集中在「上帝是否存在」上。而二十世紀的西方哲學家，在乎的是「宗教人的神聖經驗」、「宗教語言」、「宗教象徵與神話」等新議題。至於身為世界公民的我們，如何面對宗教多元的現象？應該怎樣思考宗教多樣性與彼此相互關係的問題呢？

國家圖書館出版品預行編目資料

哲學與它們的產地：為青少年寫的哲學史飛行手冊／
Cibala著.－－初版一刷.－－臺北市：三民，2023
面；　公分.－－（Think）

ISBN 978-957-14-7597-4　（上冊:平裝）
ISBN 978-957-14-7619-3　（下冊:平裝）
1. 西洋哲學史 2. 通俗作品

140.9　　　　　　　　　　　　112002893

Think

哲學與它們的產地：為青少年寫的哲學史飛行手冊（上）

作　者	Cibala
責任編輯	朱仕倫
美術編輯	林君柔

發 行 人	劉振強
出 版 者	三民書局股份有限公司
地　　址	臺北市復興北路 386 號 (復北門市)
	臺北市重慶南路一段 61 號 (重南門市)
電　　話	(02)25006600
網　　址	三民網路書店 https://www.sanmin.com.tw

出版日期	初版一刷 2023 年 5 月
書籍編號	S100480
I S B N	978-957-14-7597-4

三民書局